EDITION PRAKTISCHES WISSEN

AF284022

Ebenfalls erschienen:

Was ist Religion? Machtinstrument oder Weg zur Menschwerdung

Interessierte Leserinnen und Leser erhalten dort weitergehende Informationen und Einblicke zu Themen, die im Rahmen von »Weg und Meisterschaft« nur am Rande angesprochen bzw. weniger ausführlich behandelt werden.

»Der Tag folgt auf die Nacht –

nur so lange, bis man erwacht.

Du oder Ich, eins oder zwei

sind dann einerlei.«

Henning Marx

Weg und Meisterschaft

Personales Wachstum:
Theoretische Grundlagen
Praktische Umsetzung

2., überarbeitete und erweiterte Auflage

Bibliografische Information der Deutschen Nationalbibliothek: Die Deutsche Nationalbibliothek verzeichnet diese Publikation in der Deutschen Nationalbibliografie; detaillierte bibliografische Daten sind im Internet über http://dnb.d-nb.de abrufbar.

ISBN: 9783752610147

Für Katharina

Inhaltsverzeichnis

Vorwort zur 2. Auflage

Es war ein zähes Ringen, bevor ich mich schließlich entscheiden konnte, in welcher Form die zweite Auflage von »Weg und Meisterschaft« erscheinen sollte. Anfangs wollte ich nur einzelne Korrekturen vornehmen. Dabei stellte ich fest, dass es nicht so einfach ist, ein in sich geschlossenes Werk zu verändern. Folglich begann ich mit einer Neufassung, die mich letztlich auch nicht zufriedenstellen konnte. So habe ich mich schließlich dazu entschieden, den Text hauptsächlich dort zu ändern, wo er zu meinem Bedauern das angestrebte Ziel ausreichender Klarheit verfehlt hat. Daher ist bei der Lektüre das Folgende zu beachten:

Die erste Auflage des Buches ist in einer bestimmten Bewusstseinslage geschrieben worden, die naturgemäß die Sprache beeinflusst hat. Heute würde ich vermutlich grundlegend einen anderen Ton anschlagen. Doch habe ich letztlich gefunden, diesen aus Gründen der Authentizität mehr oder weniger beizubehalten.

Während ich in der Vorauflage noch der Ansicht war, Erleuchtung könne en passant abgehandelt werden, hat sich leider gezeigt, dass es Leser/innen gab, die das als Manko empfunden haben. Tatsächlich ließ dieses Vorgehen Interpretationsspielräume zu bzw. Fragen offen, die letztlich einfach geklärt werden können. Entgegen dem Wortlaut aus dem Vorwort zur ersten Auflage (den ich wie bereits angedeutet kaum geändert habe) ist dem Thema nun ein eigenes Kapitel gewidmet.

Ausgangspunkt für die Erwähnung des Begriffs »Erleuchtung« war das im damaligen Vorwort als Aufhänger verwendete Reflexionswort: »Der Weg ist das Ziel.« Diesbezüglich bleibt die Vorauflage zu ungenau. Entsprechend habe ich weitere Erklärungen dazu eingearbeitet.

Verbunden ist damit eine kurze Darstellung darüber, wie Seele und Geist zusammenhängen. Darin liegt letztlich der Schlüssel zu jeglicher Veränderung des Menschen hin zum Menschlichen. Dennoch habe ich mich dagegen entschieden, dem Aspekt größeren Raum zu geben. Zum einen würde das den Charakter der Betrachtung verändern. Das vorliegende Buch soll und darf aufzeigen, dass ein Weg immer bodenständig bleiben muss, um auf einem soliden Fundament aufbauen zu können. Zum anderen liegt mit dem Titel »Was ist Religion? Machtinstrument oder Weg zur Menschwerdung« ein Werk vor, das sich theoretisch wie praktisch intensiv mit den Mechanismen der Spiritualität und damit dem Zusammenspiel von Seele, Geist und Psyche auseinandersetzt.

Bezüglich einer umfassenden Antwort auf die Frage, wie die eigene Weg-Übung konkret ausgestaltet sein muss, stehen in diesem Band der *Edition Praktisches Wissen* weiterhin die bekannten asiatischen Weg-Künste, erläutert am Beispiel des Karate-Do, im Vordergrund. Dessen detaillierte Darstellung bietet nicht nur einen sehr anschaulichen Ausgangspunkt für eine Weg-Übung, sondern ist aufgrund seiner spezifischen Ausgestaltung auch ein sehr nützliches Werkzeug für den Beginn des eigenen Weges. Dennoch wird sich in dieser Auflage zeigen, dass ab einem bestimmten Punkt der Entwicklung die Hinzunahme weiterer Praktiken notwendig wird, um seinen Weg vielleicht sogar vollenden zu können.

Bleibt für mich an dieser Stelle nur zu hoffen, den verehrten Leserinnen und Lesern* mit der Überarbeitung in konstruktiver und positiver Intention noch klarer Inhalte zu vermitteln, die sie – in welcher Weise auch immer – einen Schritt weiterbringen.

* Wenn im Text ansonsten die kürzeste Form verwendet wird, geschieht das ausschließlich aus Gründen der Lesbarkeit. Ich bitte für diese Entscheidung um Ihr Verständnis und versichere jeder Person meinen vollen Respekt.

Vorwort zur 1. Auflage

Sich einer Weg-Übung zuzuwenden, ist mit vielen Erfahrungen verbunden, die sich nachhaltig auf die Wahrnehmung des Lebens als ein Geschenk auswirken und von einer nicht nur auf den Moment bezogenen Glückseligkeit geprägt sind. Eigentlich bedarf es dieses Buches überhaupt nicht, weil der Inhalt genau genommen trivial ist. Wird das Leben im Augenblick gelebt, stellen sich diese Erfahrungen ganz von alleine ein. So einfach es ist, das in einem Satz zu formulieren, umso mehr Schwierigkeiten können bei der praktischen Umsetzung auftreten. Das liegt nicht zuletzt daran, dass es viele Missverständnisse zu diesem Thema gibt, die bereits die Suche nach dem Beginn des eigenen Weges schwierig werden lassen – falls dieser dann überhaupt noch gefunden wird.

»Der Weg ist das Ziel« ist ein recht bekanntes und bei jeder passenden wie unpassenden Gelegenheit verwendetes Schlagwort, das aber letztlich keine Auskunft darüber gibt, welcher der eigene Weg ist und wo dieser hinführen könnte. Allgemein wird immer wieder davon gesprochen, dass am Ende eines Weges die große Erleuchtung stehe.

»Einzelne erreichen die große Erleuchtung sofort, wenige nach einigen Jahren, manch einer vielleicht nach 20 Jahren und die meisten nie.«

Für sich betrachtet ist dieser Ausspruch eines Zen-Meisters zunächst wenig dazu geeignet, die eigenen, vielleicht gerade erst begonnenen Bemühungen zu fördern. Scheint es sich dabei doch um jahrelange Arbeit mit ungewissem Erfolg zu handeln. Ehrlicherweise sollte zugegeben werden, dass es nicht immer ein Vergnügen ist, den eigenen Weg zu akzeptieren und ihn nicht leichtfertig aufzugeben. Richtig ist aber auch, dass sich mit dem Voranschreiten auf dem eigenen Weg Erfahrungen und Erlebnisse einstellen, die eine Qualität aufweisen, die jede Mühe wert ist und eine gänzlich andere Dimension des Daseins eröffnet.

Es gibt unzählige Bücher, Biografien, Ratgeber und theoretische Abhandlungen, die sich insgesamt mit dem Themenkreis des Übens, des Weges, Zen, den Kampf- sowie anderen Wegkünsten oder ganz allgemein mit Selbsterfahrungstechniken beschäftigen. Doch kaum irgendwo findet sich ein expliziter Hinweis darauf, wie konkret das eigene Bemühen, im Folgenden als Weg-Übung bezeichnet, gestaltet sein muss, um nicht wie viele Übende lebenslang einer unerreichbaren Vision hinterherzulaufen.

Manch einer gibt schließlich frustriert auf, andere gehen dazu über, »das alles« als Humbug zu betrachten, und nicht wenige geben viel – und wenn hier steht viel, dann bedeutet das auch sehr viel – Geld für Seminare, Kurse und Beiträge aus, in denen keineswegs konkreter auf die Erfordernisse der Weg-Übung eingegangen wird. Fatalistisch eingestellte Personen stellen ihre Bemühungen immerhin nicht ein, sondern warten eben auf das nächste oder übernächste Leben, in dem sich ihr Weg fortsetzen wird.

Viel hilfreicher, als sich über Mühe und Lohn zielgerichteter Veränderung im menschlichen Dasein Gedanken zu machen, wäre es, die Frage zu beantworten, worin die Bedingungen bestehen, den begonnenen Weg in einer Weise zu beschreiten, die den auf dem Weg befindlichen Menschen zu Erleuchtung(en) führt bzw. ihm ermöglicht, sein volles menschliches Potenzial zu nutzen.

Um all die Fehler und Fallen zu vermeiden, möchte »Weg und Meisterschaft« versuchen, den Blick dafür zu öffnen, (1) wann von einem Weg im umfassenden Sinne gesprochen werden kann und (2) wie die Weg-Übung gestaltet sein kann oder muss. Weiterhin ist die Frage zu klären, (3) ob sich Erleuchtung in Form einer hübschen Frau oder eines hübschen Mannes eine Laterne schwenkend in unser Bewusstsein drängt.

Die bekannten asiatischen Weg-Künste bieten zunächst einen profunden Ausgangspunkt, besitzen allerdings kein Monopol auf die Vorgehensweise der Veränderung durch Übung. Für meine eigenen Bemühungen war Karate der Ausgangspunkt. Insofern beziehen sich meine Erläuterungen zunächst im Wesentlichen auf dieses Werkzeug. In einem zweiten Schritt möchte ich die Aussagen abstrahieren, so dass offensichtlich wird, dass die grundlegenden Prinzipien allgemeine Gültigkeit besitzen. Verschiedene

Werkzeuge, die zur Weg-Übung herangezogen werden, bilden sozusagen das Portal, durch das gegangen wird, um an den Beginn des eigenen Weges zu gelangen. Die Wege der Menschen haben daher viele unterschiedliche Ausgangspunkte und münden letztlich ab einem bestimmten Erkenntnisgrad in den einen universellen Weg.

Auch wenn stellenweise ein humorvollerer Ton angeschlagen wird, sollte das der ernsthaften Betrachtung der Thematik nicht abträglich sein. Es ist für den einen oder anderen nicht immer einfach, bei aller Ernsthaftigkeit die notwendige Leichtigkeit beizubehalten. Vor Jahren lachten wir, bis uns die Tränen kamen. Von einem sehr ernsthaft bemühten Weg-Suchenden wurden wir nach dem Grund gefragt, weil dieser unser Lachen für unangemessen hielt. Wir klärten ihn darüber auf, dass wir über die Aussage »Nichts währt ewig« lachen würden, was er zutiefst missbilligte. Die Formulierung war aus dem Gespräch heraus entstanden und wir mussten lachen, weil aus Sicht der Weg-Künste das »Nichts« (die Leere, das nicht benennbare Tao) als Einziges ewig währt.

Eine zuweilen wenig beschönigende Wortwahl sollte keinesfalls als Respektlosigkeit ausgelegt werden. Zum einen hilft ein deutliches Wort manchmal dabei, etwas eindrücklicher zu beschreiben. Zum anderen liegt ein Ziel dieses Buches darin, letztlich schwerwiegende Missverständnisse nachhaltig aufzuklären und die Zusammenhänge im Bewusstsein zu verankern.

Die letzten Anmerkungen habe ich an dieser Stelle eingefügt, nachdem meine Lektorin mich darum gebeten hatte,
mich nicht dauernd für Inhalte zu entschuldigen, die angesprochen werden müssen. Es geht in diesem Buch nie
um reale Personen und in letzter Konsequenz auch nicht
um den Autor. Um dennoch auf etwaige Fragen der Leser
eingehen zu können, bin ich unter

weg-meisterschaft@gmx.de

zu erreichen. Einstellen würde ich diese Möglichkeit einer
unterstützenden Beratung nur für den Fall, dass das Aufkommen der Fragen meine Kapazitäten weit überschreiten
sollte.

Die Idee zu diesem Buch liegt schon lange Zeit zurück.
Geschrieben wurde es nun meiner Frau zuliebe, die bis
heute der Auffassung ist, es sei wichtig. Ihr möchte ich dafür danken, dass sie mir ständig kritischer Counterpart ist
und so dazu beiträgt, die Dinge immer präziser zu formulieren, und dafür, dass es sie gibt und ich an ihrem Leben
teilhaben darf.

1 Einführung

Ein Weg dient zunächst einmal dazu, von A nach B zu gelangen. Je nachdem, wo der Ausgangspunkt und das Ziel liegen, gibt es einfachere und anstrengendere Wege. Das leuchtet unmittelbar ein. Eine Wanderung in der Ebene ist meist weniger anstrengend als eine Hochgebirgstour. So gesehen lässt sich über das gewählte Bild bereits darstellen, warum es für unterschiedliche Menschen ganz andere Bedingungen auf der Suche nach sich selbst gibt. Während dieser Reise wird eine Vielzahl von Eindrücken gesammelt, die sich aus der Natur ergeben. Das Land wird erforscht und damit der Horizont erweitert. Übertragen auf den Menschen handelt es sich dabei um die vielfältigen Bedürfnisse, Einstellungen, Grundannahmen, Gefühle und Wünsche, die die eigene Persönlichkeit bis dahin meist durch nicht (mehr) bewusste Gedanken geprägt haben.

Um sich vor allem die verborgenen Ursachen für das eigene Denken und Handeln bewusst zu machen, wird sich eines Werkzeugs bedient, das dazu geeignet ist, unbewusste oder bewusst verleugnete innere Prozesse offenzulegen und über die Wahrnehmung gezielt einer Veränderungsmöglichkeit zuführen zu können. Doch es ist wichtig zu verstehen, dass es sich dabei immer nur um eine Chance handelt. Zu erwarten, es gäbe einen Automatismus zwischen der Nutzung eines geeigneten Werkzeugs und der eigenen Entwicklung, wäre vermessen. Grundsätzlich ist Entwicklung und Veränderung mit Übung verbunden und welche Kriterien gegeben sein müssen, um von Weg-Übung sprechen zu können, ist unter anderem Thema dieses Buches. Dabei muss auch differenziert werden, welche Reichweite verschiedene Werkzeuge dem Übenden bieten. Um im oben gewählten Bild zu bleiben, kann ich mit einem Auto bis an die Küste fahren, aber nicht über das Meer bis nach Amerika. Wenn sich der Übende der Grenzen seines jeweils gewählten Werkzeugs bewusst ist, lassen sich Missverständnisse und Enttäuschungen vermeiden, die letztlich auch geeignet sind, ihn von weiteren hilfreichen und notwendigen Bemühungen abzuhalten, die ihn an sein Ziel bringen könnten.

Das Ziel dieser Entwicklung kann als Meisterschaft bezeichnet werden. Meisterschaft hat eine Person dann erreicht, wenn sie über die Übung zu personaler Klarheit gelangt und in der Folge in der Lage ist, die Einbettung des Einzelnen in das Sein zu erfahren sowie danach zu handeln. Es geht daher nicht um ein kognitives Verständnis, sondern um ein über die Sinne hinausgehendes Erleben. In der Psychologie wird diesbezüglich von einer Bewusstseinserweiterung gesprochen. Beide Formulierungen sind eher als problematisch zu betrachten, weil sie Missverständnisse hervorrufen können. Letztere ist genau genommen falsch, weil es sich nicht nur um eine Erweiterung, sondern um eine Anhebung des Bewusstseins handelt. Erstere klingt zwar schön, bietet allerdings lediglich einen eingeschränkten Erklärungswert. Es fehlt eine Erläuterung darüber, was unter der Einbettung in das Sein genau zu verstehen ist und was es bedeutet, *danach* zu handeln. In spirituellen Kreisen wird in diesem Zusammenhang nicht selten auf die »große Erleuchtung« verwiesen. Aber auch dieser Begriff bleibt für die meisten sehr diffus. Zudem ist diesbezüglich zu klären, ob das, was viele unter Erleuchtung verstehen, überhaupt den entscheidenden Aspekt bei der Betrachtung von Meisterschaft ausmacht.

Grundsätzlich sind Weg und Meisterschaft nichts originär Östliches. Richtig ist sicherlich, dass die Entwicklungen in Europa stark dazu beigetragen haben, das esoterische Wissen aus dem Bewusstsein der Menschen weitestgehend zu verdrängen. Einerseits hat sich die Kirche dafür entschieden, sich ausschließlich auf die Bibel und ihren Katechismus zu beziehen. Praktiken zur Innenschau, wie sie die Mystiker noch nutzten, wurden verurteilt und beseitigt. Entsprechend wurde die Wahrnehmung subtilerer Zusammenhänge nicht mehr geübt und vermitteltes Wissen mangels eigener Erfahrungen nicht mehr verstanden. Andererseits hat dieser Mangel den naturwissenschaftlichen Aufstieg seit der Aufklärung begünstigt, der die einseitige Ausrichtung des Bewusstseins auf materielle Aspekte des Daseins zunehmend verstärkt hat. Nicht nur aus diesem Grund ist es im westlichen Kulturkreis oftmals schwierig, einen geeigneten Weg und Berater oder Meister überhaupt zu finden. Möglich wäre es hingegen schon. Hier spielt auch eine Rolle, dass »die Bohnen im teuren Restaurant meist besser schmecken als zu Hause«.

Werden die Grundprinzipien einer Weg-Kunst schließlich abstrahiert, lassen sie sich auf alle Tätigkeiten übertragen. Für deren Ausarbeitung ist es hilfreich, sich einer bekannten Weg-Übung zuzuwenden, um über die praktisch orientierte Betrachtung das theoretische Verständnis zu vertiefen und abzusichern. Zudem wird klar werden, dass ab einem gewissen Erfahrungsstand die eigenen Bemühungen durch weitere Übungen ergänzt werden müssen.

Der Aufbau des Buches ist weiterhin so gestaltet, dass zunächst die relevanten Begriffe entwickelt werden, um daran anschließend die Voraussetzungen für nachhaltigen Fortschritt zu erläutern. Neben den Mühen, die eine solche Vorgehensweise mit sich bringt, werden die positiven Auswirkungen, exemplarisch in verschiedenen Situationen veranschaulicht, die Darstellung abrunden.

Der Gedankengang soll dabei behutsam aufgebaut werden, um alle Klippen zu umschiffen, die zu Missverständnissen führen könnten. Es ist daher wünschenswert, kein Kapitel auszulassen, auch wenn die Neugier gerne das eine oder andere erst einmal überspringen würde.

2 Weg-Übung

Der Begriff der »Weg-Übung« enthält zwei Komponenten. In ihrem Zusammenspiel lässt sich eine Hierarchie erkennen, die zum Ausdruck bringt, dass es zum allgemeineren Teil der Übung einen spezielleren Fall gibt, der über den Zusatz »Weg« bestimmt wird. In einem ersten Schritt soll sich daher gedanklich mit dem Begriff der Übung auseinandergesetzt werden. Diese kann als eine Methode verstanden werden, die im Wege der Wiederholung zu einer Verbesserung einer Fertigkeit (oder Fähigkeit) führen soll.

Beschränkt man sich zunächst darauf, mittels Übung körperliche Fertigkeiten zu verbessern, finden sich zahlreiche einfache Beispiele, diese Methode zu illustrieren. Das Kind in der Grundschule übt das Schreiben durch wiederholtes »Malen« einzelner Buchstaben. Der Hürdensprinter verbessert seine Geschwindigkeit auch durch das wiederholte Üben seiner Hürdentechnik. Aber nicht jede Wiederholung von Tätigkeiten ist gleichsam Übung. Eine Hausfrau oder ein Hausmann, die jeden Tag das Mittagessen für die Familie zubereiten, üben nicht notwendigerweise das Kochen. Was nicht unbedingt daran liegen muss, dass die Familie auch nach jahrelangem »Üben« deren Kochkünste eher bescheiden einstuft und doch lieber bei Großmuttern essen würde. Es gibt folglich einen Unterschied zwischen der Übung der Grundschüler, des Hürdensprinters sowie der erfolglosen Köchin bzw. dem erfolglosen Koch. Der

Unterschied besteht in der inneren Haltung. Die Köche wiederholen zwar den Vorgang des Kochens und auch entsprechende Rezepte im Laufe der Zeit, um ihren Bedürfnissen sowie denen der Familien nach einem Mittagessen gerecht zu werden. Sie handeln jedoch nicht notwendig aus der Motivation heraus, sich durch die Wiederholung in ihrer Tätigkeit zu verbessern.

Übung in ihrer einfachsten Form ist somit durch eine Wiederholung einer Tätigkeit mit der Absicht einer Verbesserung eigener Fertigkeiten gekennzeichnet. Damit ist noch keine Aussage darüber getroffen, ob oder in welcher Weise diese Bemühungen erfolgreich sein müssen. Selbst wenn es zu einem sicht- oder messbaren Erfolg kommt, kann sich die Verbesserung quasi zufällig aus der Routine ergeben haben, ohne dass eine diesbezügliche Intention vorgelegen hat. Nicht selten werden Alltagserledigungen über die reine Wiederholung ökonomisiert. Der junge Student erzielt beispielsweise beim Bügeln einen zeitlichen Fortschritt oder die lustlose Köchin denkt einfach rechtzeitiger daran, auf die Uhr zu schauen. In diesen Fällen kann nicht von Übung im hier verwendeten Sinn gesprochen werden. Anders verhält es sich bei dem Hürdensprinter, der sich nach Monaten eines systematischen Trainings um den Bruchteil einer Sekunde verbessert hat. Aber selbst beim Ausbleiben einer für andere feststellbaren Verbesserung kann eine Übung vorliegen, solange die wiederholte Ausführung einer Tätigkeit mit der entsprechenden Intention zu einer Leistungssteigerung in irgendeiner Form erfolgt. Das wird immer dann der Fall sein, wenn sich ein Übender bereits an der Grenze seiner Möglichkeiten befindet, wo immer die auch liegen mag. An dieser Grenze kann er selbst mit größtem Einsatz kaum eine weitere Verbesserung erzielen. Allerdings lassen sich hierbei zwei Fälle unterscheiden. Es kann objektiv und subjektiv zu keiner Leistungssteigerung gekommen sein oder nur an einem objektiven Fortschritt fehlen. Im letzteren Fall fällt es dem Übenden möglicherweise aber leichter, das gewünschte Ziel abzurufen. Wichtig für die Qualifikation einer wiederholten Tätigkeit als Übung ist daher weniger ein Erfolg als die innere Haltung im Sinne einer entsprechenden Intention.

Alleine aus motivatorischen Gründen ist es jedoch wünschenswert, wenn sich objektiv eine deutlich wahrnehmbare Verbesserung einstellt. Insofern bieten alle sportlichen Betätigungen sowie Karate oder andere Kampfkünste eine hervorragende Grundlage. Da beispielsweise die ungewohnten Bewegungsmuster des Karate kaum Parallelen im Alltag aufweisen, ist die Verbesserung durch Übung insbesondere für den Anfänger sehr augenfällig wahrnehmbar. Die zu erlernenden Techniken sowie Stände müssen vielfach wiederholt werden, damit diese zunächst überhaupt einmal die Formen bekommen, die für ihre Funktionen auch im Interesse der eigenen Gesundheit notwendig sind. Daher ist in diesem Fall zwangsläufig auch die Absicht vorhanden, das eigene Leistungsvermögen entsprechend zu verbessern. Die Methode der Wiederholung beim Karate-Training impliziert folglich zumindest beim Anfänger das Kriterium des Übens, weil ohne eine diesbezügliche Absicht kein Fortschritt erzielt werden kann. Anders sieht die Situation bei einem Fortgeschrittenen aus, der die (möglicherweise auch fehlerhaft) automatisierten Bewegungsmuster zwar wiederholt, aber, mit seinem Leistungsstand weitgehend zufrieden, hauptsächlich aus anderen Gründen am Training teilnimmt. Diese können in dem Wunsch nach Bewegung, der Absicht, etwas für die Gesundheit zu tun, oder – was gar nicht so selten ist – in sozialen Bedürfnissen liegen.

An diesem Punkt der Betrachtung angekommen, lässt sich nun fragen, unter welchen Voraussetzungen eine einfache Übung schließlich zu einer Weg-Übung wird. Da es sich hierbei um den spezielleren Fall handelt, muss folglich neben der Absicht, durch Wiederholung einer Tätigkeit eine Verbesserung zu erzielen, mindestens ein weiteres Merkmal vorliegen. Der Erfolg auf der physischen Ebene spielt diesbezüglich keine Rolle, weil er bereits kein Kriterium für das Vorliegen einer Übung bedeutet. Insofern liegt es nahe, sich eingehender mit der Absicht auseinanderzusetzen, d.h. mit der Konkretisierung von Zielen des Übenden. Nur daran entscheidet sich, ob aus der gewählten Übung zur Verbesserung der eigenen Fertigkeiten (oder Fähigkeiten) ganz allgemein eine Weg-Übung wird.

Ein möglicher Unterschied in der Zielrichtung soll zunächst über die beiden folgenden Beispiele aufgezeigt werden. Die oben erwähnten Köche könnten sich entsprechend vornehmen, eine Suppe so zuzubereiten, dass das Gemüse bissfest und nicht weichgekocht ist. Ob sie sich dabei zum Ziel setzen, das in vier Wochen oder erst in einem Jahr zu realisieren, ist an dieser Stelle noch nicht entscheidend. Das hängt eher davon ab, wie oft ihre Familien pro Woche Gemüsesuppe essen möchten. Das Ziel bezieht sich in dieser Situation ausschließlich auf das Kochen selbst. Anders sieht es aus, wenn sich beispielsweise ein Karateka oder allgemein eine Person aus München an einem Wochenende auf den Weg nach Hamburg zu einem Lehrgang begibt. Die Reise hat für diesen nicht nur das Ziel, in Hamburg anzukommen, sondern insbesondere an dem Lehrgang teilzunehmen. Mit anderen Worten: Der Betreffende hat sich hauptsächlich auf die Reise begeben, um den Lehrgang zu besuchen. Das beinhaltet eine zeitliche Komponente (auf die später noch einzugehen sein wird). Käme er erst drei Tage später an, wäre der Lehrgang bereits vorüber. Übertragen auf die Ausgangsfrage wird hingegen deutlich, dass eine sich wiederholende Tätigkeit respektive Übung in dem Moment zu einer Weg-Übung wird, sobald ein Interesse gegeben ist, das die rein physische Veränderungsabsicht überschreitet.

Um welches Interesse es sich dabei handelt, zeigt sich bei einem Vergleich des Erlernens von Schrift durch einen Grundschüler und einen Kalligrafie-Schüler. In beiden Fällen liegt in der Regel eine Übung vor. Dennoch unterscheiden sich beide Formen in vielen Fällen in der zugrunde liegenden Absicht, obwohl der eine wie der andere in der Intention handelt, durch Wiederholung ein schöneres Schriftbild zu entwickeln. Der Unterschied ergibt sich für diejenigen, die bei ihren Übungen zur Kalligrafie die nichtkörperliche Ebene in ihr Üben einbeziehen. Während die Übung in der Schule ausschließlich zu dem Zweck erfolgt, die Buchstaben so weit in Form zu bringen, dass andere durch Schrift gebildete Wörter und Sätze ebenfalls lesen und verstehen können, bemüht sich der Kalligrafie-Liebhaber darum, die Schriftzeichen in vollendeter Form zu gestalten und Werke zu schaffen, die aus sich heraus vom Betrachter (bei aller Subjektivität) als ästhetisch wahrgenommen werden. Hierbei ist es von entscheidender Bedeutung, sich seiner psychischen Lage bewusst zu sein. Es ist so lange sehr einfach, Buchstaben zu schreiben bzw. zu zeichnen, solange es nicht darauf ankommt, diese mit absoluter Perfektion zelebrieren zu wollen. In der Regel passiert das einem jungen Menschen nur dann, wenn er seinen ersten Liebesbrief schreibt (wobei das im Zeitalter von Messengern & Co. wohl nicht mehr so entscheidend sein dürfte). Der eine Kalligrafie Zeichnende weiß hingegen, dass eine einzige Unsicherheit dazu führen kann, das gesamte Werk – zumindest in seinen Augen – zu zerstören. Er muss folglich beim Erschaffen einer Kalligrafie mit der Angst umgehen, dass ihm zu jedem Zeitpunkt in diesem Schaffensprozess ein Fehler unterlaufen könnte. Diese Angst wiederum verhindert unglücklicherweise von vornherein die optimale Strichführung und beeinträchtigt das Ergebnis. Will nun der Kalligrafie-Anfänger seine Schriftzeichnungen verbessern, muss und wird er sich mit dieser Angst bewusst auseinandersetzen, seine Bemühungen wegen Erfolglosigkeit einstellen oder sein Anspruchsniveau senken. Für den Fall einer Auseinandersetzung mit der eigenen Angst erreicht er durch seine mit Absicht zielgerichtet auf die Verbesserung einer motorischen Fertigkeit gerichteten Übung gleichsam zumindest einen Teilaspekt seiner Psyche, durch die im weiteren Verlauf seiner Bemühungen im Idealfall die angesprochene Angst beseitigt oder doch wenigstens stark reduziert wird. Losgelöst von diesem Beispiel ergibt sich daraus, dass eine Übung erst zu einer Weg-Übung wird, wenn im Rahmen der Ausführung auch die Absicht einer psychischen Veränderung vorhanden ist.

Ganz selbstverständlich nehmen Kampfkünstler für sich in Anspruch, dass hauptsächlich die Kampfkünste (und andere asiatische Künste) Weg-Übungen darstellen. Richtig ist dabei sicherlich, dass die Übungsstunden einen Rahmen schaffen können, die eigenen Bemühungen zu einer Weg-Übung werden zu lassen. Alleine schon um seinen Fortschritt sichtbar zu machen, handelt der Anfänger in der Absicht, sein Leistungsvermögen zu verbessern. Es sind folglich von außen festgelegte Stationen vorgesehen, die als Motivatoren zu verstehen sind. Infolgedessen setzen sich die Übenden sehr begeistert mit den ungewohnten Bewegungen auseinander, ohne dass deren außergewöhnlich häufige Wiederholung bei den meisten zunächst zu einem Gefühl der Langeweile oder zur Unlust führt. Die so einigermaßen in Form gebrachten Techniken werden schließlich in Partnerübungen im Sinne von Zweikämpfen angewendet. Spätestens in diesen Zweikämpfen können die Übenden verschiedene Gefühle und Emotionen wahrnehmen, so dass die Übung eine Auseinandersetzung mit Teilaspekten der Psyche grundsätzlich ermöglichen würde.

Dabei sind jedoch zwei Einschränkungen von Bedeutung: eine subjektive sowie eine strukturelle.

Eine strukturelle Einschränkung bezieht sich auf den Rahmen, der dem Übenden von außen vorgegeben wird. Bei heutiger (und auch bei traditioneller – was immer das genau sein mag) Trainingsmethodik stellt sich ein hinreichender Wunsch zur Veränderung auf der psychischen Ebene nicht automatisch ein. Somit betreibt nicht jeder und auch nicht jeder, der das von sich glaubt, eine Weg-Übung. Dagegen können andere Sportler durchaus ihren Sport im Sinne einer Weg-Übung ausführen. Für einen Fußballer könnte das Gleiche gelten wie für den Kalligrafie-Künstler. Der Stürmer kann sich mit seiner Angst, das Tor in der entscheidenden Situation nicht zu machen, sehr bewusst und aktiv auseinandersetzen. Um den Gedankengang noch klarer auszudrücken: Der Stürmer, der alleine auf den gegnerischen Torwart zuläuft, befindet sich genauso in einem Zweikampf wie der Kampfkünstler, auch wenn es per se nicht um Leben und Tod geht (was, wenn man die Reaktionen von Fans betrachtet, nicht mit letzter Sicherheit gesagt werden kann). Der entscheidende Punkt ist jedoch, dass die Bemühungen jeder Person nur dann zu einer Weg-Übung führen können – ganz unabhängig von der Wahl des genutzten Werkzeugs –, wenn passende Rahmenbedingungen dies fördern.

Eine subjektive Einschränkung ist gegeben, sobald sich die Richtung der Veränderung umkehrt. Ein recht guter Fußballer kann sich dem Problem ausgesetzt sehen, dass er aufgrund einsetzender Nervosität bei kaum einem Elfmeter ins Tor trifft. Bei derlei Konstellationen wird im Sport häufig ein Mentaltraining durchgeführt, um dieses Defizit mehr oder weniger weitreichend zu beheben. Insofern hat das Fußballtraining durchaus die psychische Ebene dieses Fußballers erreicht und sogar durch Verwendung einer speziellen Technik möglicherweise einen sicht- weil zählbaren Erfolg herbeigeführt. Allerdings ist in dieser Konstellation die Veränderung des Psychischen nur dann im Sinne einer Weg-Übung zu betrachten, wenn damit einhergeht, mehr über sich selbst erfahren zu wollen. Insofern liegt in der deutlichen Wahrnehmung eines Defizits immer nur die Chance, an den Beginn eines Weges zu gelangen, der durch Übung fortgesetzt werden muss. Letztlich geht es um die Entwicklung des Wunsches, mehr über sich selbst zu lernen, um die eigenen Denk- und Verhaltensweisen nicht nur besser zu verstehen, sondern letztlich auch im Laufe der Zeit zu verändern. Soll die psychische Beeinflussung jedoch nur singulär dazu dienen, in diesem einen Punkt eine physische Handlung besser ausführen zu können, kehrt sich quasi die Richtung der Veränderung um. Das gilt nicht nur für den Fußballer oder einen sonstigen Sportler, das gilt auch für das oben gewählte Beispiel des Kalligrafie-Schülers oder ganz allgemein für jeden Kampfkünstler, der in einem solchen Fall ein Kampfsportler bleibt.

Einen Vorteil hat der Kampfkünstler zumeist gegenüber dem Fußballer. Er wird weniger durch das Toreschießen von seiner Zielsetzung abgelenkt. Ein Fußballer kann einen schlechten Tag haben und dennoch zufrieden nach Hause gehen, falls er vielleicht wenigstens ein Tor geschossen hat. Dieses Verbergen von Stillstand im eigenen Übungs-fortschritt ist bei den bewegungs- und nicht ergebniszen-trierten Kampfkünsten ursprünglich weniger gegeben. Da-durch, dass Kampfkünste aber in den letzten Jahrzehnten zunehmend als Sport praktiziert werden, schwindet dieser Vorteil jedoch zusehends, sobald es nur noch darum geht, im Wettkampf mehr Punkte zu sammeln als ein Kontra-hent.

Zusammenfassend kann zunächst festgehalten werden, dass sich jede Übung zu einer Weg-Übung entwickeln lässt, wenn diese zielgerichtet ausgeführt wird und dabei zumindest Teilaspekte der Psyche berührt werden. Wichtig dabei zu verstehen ist, dass der übungsbezogene Anlass, sich mit einem Aspekt der eigenen Psyche auseinanderzu-setzen, die Absicht hervorrufen muss, das sich damit öff-nende Potenzial zum besseren Verstehen der eigenen Per-son zu nutzen. Erst dadurch lassen sich die Bemühungen präziser ausrichten, um neben und mittels der Verbesse-rung eigener Fertigkeiten eine Veränderung psychischer Gegebenheiten zu erreichen. Auf diese Weise bekommt die Übung eine andere Qualität, weil sie eine umfassende-re Wirkung auf den Betreffenden erzielt.

Ganz allgemein führt die Nutzung dieses Potenzials auf einen Weg, der als eine Lebenshaltung verstanden werden kann. Durch verschiedene Methoden lassen sich nicht nur Einsichten über die eigene Person gewinnen sowie das eigene Wesen, dessen Einordnung in einen sozialen Kontext und in die Natur verstehen, sondern auch eine Reintegration auf diesen Ebenen herbeiführen.

Wenn jede Übung an diesen Punkt führen kann, d.h. die Möglichkeit bietet, zu einer Weg-Übung zu werden, dann stellt sich die Frage, welche Bedingungen innerhalb eines gewählten Werkzeugs vorliegen sollten, die das unterstützen. Zu diesem Zweck wird im folgenden Kapitel zunächst stellvertretend für die Weg-Künste auf die spezielle Situation im Karate eingegangen.

3 Weg-Übung im Karate

Wenn es um die Bedingungen geht, die innerhalb des Karate gegeben sind, damit sich die eigenen Bemühungen zu einer Weg-Übung ausrichten, stehen drei charakteristische Aspekte im Vordergrund: der Zweikampf respektive die Selbstverteidigung, das Gürtelsystem sowie die Organisation einer Übungsstunde. Auch wenn sich in den letzten Jahrzehnten Veränderungen vollzogen haben, soll in diesem Rahmen weder darauf eingegangen werden, wo die Ursprünge des Karate liegen, noch wann es das erste Mal dokumentiert wurde. Hier gehen die Meinungen immer noch auseinander, auch wenn die historische Forschung in den letzten Jahren vorangetrieben wurde. Es ist genau besehen aber auch nicht der entscheidende Punkt, weil sich die Betrachtung in erster Linie auf die aktuellen Gegebenheiten beziehen muss. Um diesbezüglich Veränderungen aufzuzeigen, genügt weitestgehend ein Zeithorizont von ca. fünfzig Jahren.

Grundlegend gilt, dass sich Techniken zur Selbstverteidigung überall und immer dann entwickeln, wenn Menschen in körperlichen Auseinandersetzungen benachteiligt sind und gleichzeitig gezwungen werden, um ihr Überleben zu kämpfen. Dabei entstehen Kampfsysteme, die weitergegeben werden und in anderer Zeit und/oder an anderen Orten mit neuen Ideen bereichert sowie verändert werden, um diese zu optimieren bzw. den dort aktuell herrschenden situativen Gegebenheiten anzupassen. Im Folgenden soll dieser wesentliche Aspekt aus einer Perspektive betrachtet werden, die dazu beiträgt, Missverständnisse auszuräumen, die letztlich nicht selten zu falschen Vorstellungen darüber führen, was eine Weg-Übung kennzeichnet.

In jedem Selbstverteidigungssystem wird der Körper bis zu einem gewissen Grad abgehärtet und motorische Fertigkeiten in einer Weise verbessert, die ermöglicht, die Körperkraft zielgerichtet – ggfs. auch mit einer tödlichen Wirkung – einzusetzen. Das hierfür notwendige systematische Wiederholen von Kräftigungsübungen und Techniken erfüllt das Kriterium der Übung, weil das Üben ohne Zweifel darauf ausgelegt ist, die eigenen Fertigkeiten zu verbessern. Neben dem zusätzlichen Ziel, den Gegner zu besiegen, scheint das ursprüngliche Motiv für diese Übungen, die Angst vor dem eigenen Tod, auch die psychische Relevanz derartiger Übungssysteme zu belegen. Schließlich stellt die Angst vor dem Tod für die meisten Menschen eine zentrale oder die zentralste Angst überhaupt dar. Genau betrachtet verlangt eine Weg-Übung jedoch immer nach einer Veränderung auf der psychischen Ebene. Daher muss die Frage gestellt werden, ob ein Mensch, der aus Angst nach Selbstverteidigungstechniken strebt, tatsächlich bereits im Sinne einer Weg-Übung handelt.

Die Antwort lautet eindeutig nein. Es liegt gerade keine Weg-Übung vor, solange es darum geht, aus einer Angst heraus das Kämpfen zu erlernen. Dazu wäre es notwendig, in der Absicht zu handeln, diese Angst aufzulösen. Ansonsten stimuliert sie das Vegetativum stets von Neuem, wenn die Umstände Angst provozieren. Es ist aber nicht möglich, durch das Trainieren von Selbstverteidigungstechniken zum Zwecke der realen Anwendung Angst zu transformieren. Das klingt zunächst nach einem Widerspruch, weil sich Praktizierende eines Selbstverteidigungssystems in der Regel sicherer fühlen als Menschen, die in dieser Hinsicht keine Erfahrungen haben. Dabei wird im Allgemeinen übersehen, dass diese Art von Sicherheitsgefühl immer die Sorge impliziert, ihnen könnte etwas passieren. Die Angst ist demzufolge vorhanden, nur wird sie durch die gewonnenen Fertigkeiten quasi überdeckt und befindet sich nicht mehr so deutlich im Bewusstsein des Einzelnen, d.h., sie wird in bewusstseinsnahen Bereichen suspendiert. Aber diese Angst ist in tieferen Schichten des Unterbewusstseins unverändert existent. Deshalb sei an dieser Stelle betont, dass das Erkennen einer Angst alleine noch nicht genügt, um von Weg-Übung sprechen zu können. Vielmehr eröffnet sich an diesem Punkt zunächst nur die Möglichkeit, die eigenen Bemühungen in eine Weg-Übung übergehen zu lassen, im Laufe derer sich die gewünschte respektive notwendige psychische Veränderung einstellen kann.

Dieser Sachverhalt lässt sich durch folgendes Beispiel noch ein wenig besser verdeutlichen: Ein Artist auf dem Hochseil erklärt, er habe keine Angst, aus der Höhe abzustürzen. Dennoch verlangt er stets nach einem Sicherungsnetz, ohne das er nicht auftreten will. Das Sicherungsnetz, ebenso wie das Bedürfnis nach Selbstverteidigungsfertigkeiten, ist das Indiz dafür, dass die Angst sehr wohl vorhanden ist, aber durch ein Hilfsmittel, eine Krücke, (immerhin) beiseitegeschoben werden kann. Wäre der Artist hingegen angstfrei, würde ihn das Fehlen eines Sicherungsnetzes nicht stören bzw. ihm nicht auffallen. Auf die Frage nach dem Warum käme nach kurzem Nachdenken die lapidare Antwort, dass er nicht daran gedacht habe. Dieser Umstand verliert somit jegliche Bedeutung für den Artisten.

Ganz im Gegensatz zu dieser Haltung kann das Trainieren von Selbstverteidigungstechniken den Effekt entfalten, die bestehende Angst zu kultivieren (statt sie zu transformieren), weil diese immer wieder Nahrung dadurch erhält, dass ihr in Form des Trainings nachgegeben wird. Ein Gradmesser für diese Angst liegt in der Zeit, die eine Person für dieses Training aufwendet. Ein Mensch, der in dieser Hinsicht angstfrei ist, hat definitiv keinen Bedarf nach einem Selbstverteidigungstraining. Insofern ist es bedenklich, dass in den neunziger Jahren des letzten Jahrhunderts erneut eine stärkere Hinwendung zu selbstverteidigungsnahen Trainingsinhalten erfolgte. Das muss als Reaktion der Karateverbände auf die stärker werdende Konkurrenz durch andere Kampfsysteme verstanden werden, deren Trainingsmethodik schwerpunktmäßig an Kampfbedürfnissen ausgerichtet ist. Diese Volte ist aufgrund eines doppelten Effekts kritisch zu betrachten. Aufgrund der Kommunikation, Selbstverteidigung stärker berücksichtigen zu müssen, setzt sich die Angst über das kollektive Bewusstsein im individuellen noch stärker fest. Die Betonung der Selbstverteidigung wirkt somit zunächst kontraproduktiv für das Bestreben, die eigenen Bemühungen zu einer Weg-Übung werden zu lassen. Letztlich liegt dem ein Missverständnis zugrunde. »Kara« »te« bedeutet bezogen auf die Kampfkunst »leere Hand«, sprich »leerer Geist«. Das Üben von Selbstverteidigungstechniken zum Zwecke einer realen Anwendung erfolgt jedoch aus Angst heraus und wird daher nie zum Resultat eines bis in die Tiefen leeren Geistes führen.

Andererseits gibt es Karateka, die selbstverteidigungsrelevantes Training als eine rein intellektuelle Auseinandersetzung mit dieser Thematik begreifen oder an den funktional effizienten Bewegungsabläufen Freude an sich empfinden. Aber auch in diesem Fall liegt keine Weg-Übung vor, falls das wiederholte Training der Bewegungen keinen Einfluss auf die psychische Ebene nehmen soll. Ähnliches gilt für diejenigen, die Karate ausschließlich als Sport praktizieren und ihren Spaß aus dem Wettkampf oder den Bewegungen selbst ableiten. Karate dient unter diesen Bedingungen unter anderem dem eigenen Vergnügen sowie der Zerstreuung.

Im Rahmen der weltweiten Verbreitung als Sport war man gezwungen, ein differenziertes Gürtelsystem zu etablieren, um den Leistungsstand der Karateka sichtbar zu machen. Hierfür gibt es gute Gründe. Aufgrund der Komplexität der Bewegungen dauert es verhältnismäßig lange, bis ein

Anfänger auch schwierigere Techniken ausführen kann. In dieser Hinsicht bietet die Farbe des Gürtels zum einen dem Übungsleiter einen ersten Hinweis auf den Leistungsstand eines ihm bisher unbekannten Übenden. Er kann dadurch leichter einschätzen, welche Aufgaben für den Teilnehmer angemessen sind. Ausnahmen bestätigen die Regel. Zum anderen können Partner in Zweikampfübungen sich so auf das Niveau ihres Gegenübers einstellen. Das ermöglicht einem fortgeschrittenen Schüler seinen Partner zu fordern – und damit zu verbessern –, aber nicht zu überfordern. So verstanden, würde die durch die Gürtelfarben entstehende Hierarchie den Einzelnen in seinen Bemühungen auch im Bestreben, zu einer Weg-Übung zu gelangen, unterstützen.

Dieser sinnvollen Überlegung stehen jedoch tatsächliche Gegebenheiten entgegen. Hierfür gibt es verschiedene Gründe. Eine Expansion der Karateverbände schuf zum einen über das Abhalten von Lehrgängen Einnahmequellen für (ehemals) erfolgreiche Athleten. Zum anderen verursachte das einen immer größeren Verwaltungsapparat und -aufwand. Stärker als zu früheren Zeiten wurde es daher notwendig, immer mehr Mitglieder langfristig im Verband zu halten bzw. neu zu gewinnen. Zu hohe Leistungsanforderungen für die einzelnen Prüfungen, um den nächsten Gürtel zu bekommen, waren damit kontraproduktiv. Sukzessive ist das durchschnittliche Leistungsniveau in der Folge gesunken, um niemanden durch zu lange Wartezeiten zu frustrieren. Das begünstigte wiederum eine veränderte Wahrnehmung dieser Gürtelprüfungen.

Während bis in die achtziger Jahre eine geistige Haltung überwog, sich die nächste Stufe erarbeiten zu müssen, entwickelte sich teilweise eine regelrechte Konsumhaltung: Der nächste Gürtel wird als bloße Folge der mehr oder weniger regelmäßigen Anwesenheit beim Training betrachtet, ohne dass dabei einer realistischen Einschätzung des erreichten Leistungsstandes eine Rolle zukäme. Das bedeutet, das Ziel einer angemessenen Verbesserung aufzugeben. Ohne einen Anspruch an seine eigene Leistung wird es aber nie möglich sein, die eigenen Bemühungen zu einer Weg-Übung zu entwickeln. Die Tendenz, Gürtel auch bei mangelnder Leistung zu vergeben, um Austritte zu verhindern, unterminiert daher das eigentliche Anliegen einer Kampfkunst. Ad absurdum geführt wird es sogar, wenn ein Prüfer – wie tatsächlich geschehen – einer guten Kandidatin von der Prüfung mit dem Argument abrät, sie könne noch das eine oder andere verbessern und würde damit ihrem eigenen Anspruch gerechter werden; gleichzeitig aber vier Teilnehmerinnen »durchwinkt«, von denen keine die erforderlichen Leistungskriterien erbrachte. Damit hat das System auch weitgehend seinen Nutzen für die Einschätzung der Leistungsfähigkeit des einzelnen Karateka verloren.

Darüber hinaus hat das Graduierungssystem teilweise zu einer *destruktiven* Hierarchie geführt. Während der Fortgeschrittene eigentlich dem Anfänger in positiver Weise helfen sollte, existiert nicht selten eine Haltung des Radfahrens. Sein rüdes Kampfverhalten rechtfertigte ein Karateka, der einen braunen Gürtel (9. Schülergrad) trug, gegenüber einem Teilnehmer mit einem gelben Gürtel (2. Schülergrad) mit der Bemerkung: »Anfänger müssen erst einmal zurechtgestutzt werden, damit sie wissen, wo sie stehen.« In dem durch diese Einstellung verursachten Verhalten kommt letztlich mangelnder Respekt zum Ausdruck, der weder die Leistung des Anfängers verbessern hilft, noch dazu beiträgt, bei diesem eine sinnvolle Veränderung auf der psychischen Ebene anzustoßen oder den einer Kampfkunst zugrunde liegenden Werten Ausdruck zu verleihen.

Ein Verlust dieses Wertebewusstseins hat sich zudem über eine veränderte Organisation der Übungseinheiten eingestellt, die inzwischen weit verbreitet ist. Bis vor wenigen Jahrzehnten war es selbstverständlich, dass der Übungsraum bis zum Ende des Unterrichts nicht verlassen, weder geredet noch getrunken wurde. Die Teilnehmer waren pünktlich und mussten nicht jedes Mal aufgefordert werden, Schmuck oder sonstige Dekoration abzulegen. Im Zuge der Expansion und einem gewissen Imagewandel sieht die Situation heute häufig anders aus. Die Gründe, die hierfür angeführt werden, zeugen letztlich nur von fehlender Disziplin, dem Unwillen sich für einen beschränkten Zeitraum zu verpflichten und dem mangelnden Vermögen, sich für die Zeit der Übungen einzig auf den aktuellen Moment zu konzentrieren. Dass diese Aspekte Teil der Übung sind, enthebt den Übungsleiter nicht davon, diese einzufordern, weil sie sich nicht von alleine entwickeln werden. Kinder müssen beispielsweise in der Regel erst dazu angehalten werden, Sporttaschen und Schuhe ordentlich im Übungsraum abzustellen, falls es keinen anderen Aufbewahrungsort für die Dauer der Übungsstunde gibt. (Für die meisten Erwachsenen gilt das ebenfalls.) Mit der Zeit machen die Kinder das von alleine (Erwachsene eher weniger), weil auch sie registrieren, dass sich eine andere Atmosphäre im Übungsraum einstellt. Entsprechend wirken andere, zunehmend als überflüssig empfundene Aspekte auf diese Atmosphäre ein. Bereits mit dem Anlegen des Gis (Anzug) und des Gürtels versetzt sich der Übende in eine konzentriertere Haltung, aber nur dann, wenn er den Gürtel so bindet, dass beide Enden gleich lang sind. Das (ernst gemeinte) Verneigen beim Betreten des Übungsraumes fördert das Bewusstsein, Teil eines größeren Ganzen zu sein, in dem alle gleichwertig sind. Letzteres ist auch daran abzulesen, dass sich die Übenden in einem gleichfarbigen Gi und ohne sonstigen Schmuck oder Armbänder (die auch Verletzungsgefahren bergen) äußerlich nicht unterscheiden. Durch eine kurze Meditation am Anfang der Übungsstunde löst sich der Übende von den Aufregungen des Tages und taucht endgültig in eine konzentrierte Stille ein, die das Üben der Grundtechniken oder der Formen (Kata) begünstigt, aber auch in den Zweikämpfen wirkt und dort zusätzlich das Verletzungsrisiko mindert. Jegliches Abweichen von diesen spezifischen Rahmenbedingungen beispielsweise durch Reden oder Trinken löst die gewollte, aber auch notwendige konzentrierte Stille auf, die selbst von unkundigen Zuschauern als beeindruckend bis wohltuend wahrgenommen wird. Daher trägt eine nachlässige Haltung hinsichtlich der Trainingsorganisation ebenfalls nicht dazu bei,

den Einzelnen dabei zu unterstützen, die über die körperliche und kämpferische Entwicklung hinausgehenden Effekte einer Kampfkunst für sich nutzbar zu machen.

Dennoch finden bei fast allen Karateka im Laufe der Jahre
durchaus Veränderungen statt. Diese Effekte sind allerdings meistens rein zufälliger Natur und hängen auch von
Grundbedingungen des Einzelnen ab, die bereits vor Auf-
nahme des Trainings gegeben waren. Diese Effekte hätten
in den meisten Fällen ebenfalls durch das Ausüben eines
anderen Sports erreicht werden können.

Mit diesen Betrachtungen – das möchte ich ausdrücklich
betonen – ist keinerlei Wertung verbunden. Es ist stets positiv, wenn ein Mensch einer Beschäftigung nachgeht, die
ihm Lebensfreude schenkt, und das auch offen kommuniziert. Doch es ist für den Einzelnen wichtig zu wissen, dass
die Teilnahme am Karate-Training (oder an einer anderen
Kampfkunst) nicht automatisch dazu führt, eine Weg-
Übung zu betreiben – was es auch überhaupt nicht muss.
Gerne werfen die »Traditionalisten« den Sportlern vor, ein
minderwertiges, weil seinen geistigen Wurzeln beraubtes
Karate zu trainieren. Die Sportler belächeln die »Traditionalisten« ihrerseits, weil diese mit ihren Handlungsoptionen ohnehin keine ernst zu nehmenden Gegner seien.
Beide Seiten können Recht haben, müssen es aber nicht.

Entscheidend ist an dieser Stelle die individuelle Haltung
des Einzelnen. Ein Karatesportler, der das wettkampforien-
tierte Training dazu verwendet, seine psychische Situation

zu transformieren, handelt ohne jeden Zweifel im Sinne einer Weg-Übung. Dem Sportler, der primär andere besiegen will oder sich aufgrund seiner technischen Klasse abfällig über leistungsschwächere Karateka äußert, fehlt die notwendige innere Haltung. Dieser Aussage werden die »Traditionalisten« sofort und ohne Einschränkung zustimmen. Doch einem »Traditionalisten«, der glaubt, das bessere Karate zu praktizieren, oder der seine Angst immer weiter zementiert, fehlt seinerseits die erforderliche innere Haltung, um die Qualität einer Weg-Übung zu erreichen. Wichtig ist folglich nicht, welches Etikett sich ein Trainierender anhängt oder angehängt bekommt, sondern ausschließlich seine innere Haltung. Diese innere Haltung lässt sich jedoch niemals an dem festmachen, *was* er trainiert, sondern einzig an der Art und Weise, *wie* er das tut.

Um die Basis für die erforderliche innere Haltung zu identifizieren, kann auf die Inhaltstheorien zurückgegriffen werden. Wird die Motivation, Karate zu betreiben, aus dieser Sicht betrachtet, kann ein Karate-Training verschiedene Bedürfnisse befriedigen. Bei der Absicht zur Selbstverteidigung handelt es sich um ein Sicherheitsbedürfnis im Sinne eines Defizitbedürfnisses, während es sich bei der (ehrlichen) inneren Betrachtung um ein Wachstumsbedürfnis handelt. Solche Wachstumsbedürfnisse können sich allerdings erst dann als Motivation entwickeln, wenn das physische Überleben hinreichend gesichert ist. Das gilt trotz aller Veränderungen, die seit Erscheinen der Vorauflage 2010 in Europa stattgefunden haben, grundsätzlich immer noch. Zudem bedeutet ein Üben aufgrund eines

Bedürfnisses zu innerem Wachstum nicht, dass die geübten Techniken nicht mehr angewendet werden könnten. Aber erstens müssen für diesen Fall die Fertigkeiten nicht auf das Niveau einer Spezialeinheit gebracht werden und zweitens sollten in der heutigen Zeit die »niederen« Wurzeln zumindest in einer Weise überwunden sein, dass sich Wachstumsbedürfnisse in den Vordergrund drängen (können). Ganz allgemein lässt sich daraus ableiten, dass die notwendige innere Haltung erst gegeben ist, wenn der Trainierende die Ebene des Kämpfens (auch in übertragender Form) mit einem Übungspartner oder Gegner verlässt, um sich in erster Linie der inneren Auseinandersetzung zuzuwenden.

Auch bei diesem Bemühen bieten die im Dojo (Übungsraum) über Jahrhunderte gelebten Regeln eine Hilfestellung. Fordert der Übungsleiter beispielsweise die oben bereits erwähnte Pünktlichkeit ein, hat der Teilnehmer zwei Möglichkeiten. Er kann das als überflüssig abtun oder er kann sich damit auseinandersetzen, warum er nicht rechtzeitig erschienen ist. Aber er muss die Chance zu dieser Auseinandersetzung immer noch selbst ergreifen. Gibt der Übungsleiter in dieser Hinsicht allerdings keinen Anlass, findet sicherlich (neben dem Ausbleiben der bereits oben dargelegten Wirkungen) auch dieser innerliche Disput erst gar nicht statt. Es sei jedem Leser selbst überlassen, sich weitere sinnvolle Gründe für ein pünktliches Erscheinen oder anderer Regeln zu überlegen, die in den letzten Jahren als nicht mit der Sportwissenschaft konform, unmodern oder einfach als überflüssig abgetan werden; letztlich

nur, weil sie dem Übenden etwas abverlangen, d.h. unbe-
quem sind.

Zusammenfassend lässt sich das Fazit ziehen, dass Karate
grundlegend Bedingungen aufweisen kann, den Übenden
dabei zu unterstützen, seine Bemühungen zu einer Weg-
Übung auszubauen. Aufgrund neuerer Entwicklungen ist
dieses Vermögen jedoch erheblich geschwunden. Dennoch besteht für den Einzelnen immer noch die Möglichkeit, Karate als Werkzeug für die eigenen Bemühungen zu
nutzen bzw. den Anfang der eigenen Weg-Übung im Laufe des Übungsfortschritts zu finden. Konkret hängt dabei
sehr viel davon ab, ob es dem Übenden gelingt, die erforderliche innere Haltung auszuformen, so er diese nicht
von vornherein mitgebracht hat. Es bedarf aber immer einer individuellen Entscheidung, überhaupt im Sinne einer
Weg-Übung vorgehen zu wollen, die von außen nicht erfolgen kann.

Nachdem verständlich geworden ist, dass die Weg-Künste
den Übenden an den Beginn einer Weg-Übung führen
können, soll im nächsten Kapitel betrachtet werden, inwieweit diese Bedingungen bei einer allgemeinen Übung
anzutreffen sind.

4 Allgemeine Weg-Übung

Grundsätzlich waren und sind teilweise immer noch die Rahmenbedingungen innerhalb des Karate bzw. der Kampfkünste gegeben, dem Übenden zu einer Weg-Übung zu verhelfen. Auch nebensächlich erscheinenden Elementen wie einer angemessenen Verbeugung (mehr als ein flüchtiges Kopfnicken) vor dem Partner oder einer höheren Entität kommt eine nicht zu unterschätzende, jedoch inzwischen weitgehend missachtete Bedeutung zu. Auch wenn diese sehr spezifischen Elemente üblicherweise bei anderen Übungsformen erst einmal fehlen, lassen sich andere Bedingungen überraschend einfach herstellen, sobald eine Verbesserung der körperlichen Fertigkeiten überhaupt ernsthaft angestrebt wird.

Am einfachsten fällt einem diese Vorstellung vielleicht im Hinblick auf andere Sportarten. Besonders naheliegend scheint das beispielsweise für das Fechten zu gelten, weil in diesem Sport das Ziel in einem reinen Zweikampf liegt. Die Schwierigkeit besteht lediglich darin, dass die Trainingsorganisation nicht von sich aus dazu animiert, im Fechten ein Werkzeug zur Selbsterkenntnis zu sehen. Doch der Schritt in diese Richtung muss ohnehin vom Einzelnen gegangen werden und kann sich ergeben, sobald der Fechter feststellt, dass seine Ergebnisse in den Kampfsituationen auf der Planche seinen technischen Möglichkeiten nicht entsprechen. Das wird immer dann der Fall sein, wenn Nervosität oder Zögerlichkeit die Bewegungen hemmt oder unpräzise werden lässt. In dieser Situation kann der Fechter ausschließlich daran interessiert bleiben, sich mental zu stärken, oder er beginnt davon ausgehend, sich zu hinterfragen und das Üben so auszurichten, dass es einen umfassenderen persönlichkeitsbildenden Charakter bekommt.

Aber nicht nur die Zweikampfsportarten lassen sich im Sinne einer Weg-Übung nutzen. Gleiches gilt für jede Individualsportart, auch wenn sich in diesen Fällen der Trainierende die Bedingungen vollkommen selbst gestalten muss. Das Schwimmen soll hier als ein recht repräsentatives Beispiel dienen. Wer bereits einem Schwimmtraining zugesehen hat, wird möglicherweise die Stirn runzeln. Der eine kommt früher, der andere später. Insbesondere wenn auch Kinder anwesend sind, wird gelacht, auch mal getobt, bis der Trainer zur Ordnung ruft und nicht nur die Erwachsenen oder Jugendlichen regelmäßig ihre Bahnen ziehen. Die Atmosphäre ist zugegebenermaßen sehr weit von der konzentrierten Stille entfernt, die sich in einem Karate-Dojo beginnend mit der Begrüßungszeremonie einstellt. Dennoch kann der Einzelne für sich den Raum schaffen, die gleiche mentale Haltung hervorzurufen. Die meisten tun das, bevor sie bei einem Wettkampf starten oder auf Zeit trainieren. Aber so wie der Karateka zu seinem Gi (Anzug) achtsam seinen Gürtel binden sollte, kann der Schwimmer seine Schwimmbrille aufsetzen. Wenn er sich dabei nicht von einer Unterhaltung ablenken lässt, fokussiert er sein Bewusstsein, indem er sich auf den richti-

gen Sitz und Anpressdruck der Schwimmbrillengläser konzentriert. Das mag bei oberflächlicher Betrachtung ein
wenig hergeholt wirken. Dennoch trifft es zu. Konzentration bedeutet nichts anderes, als seine Aufmerksamkeit auf
einen Punkt zu richten. In dem Moment, in dem eine Person ihre Gedanken auf eine Handlungsausführung bün-
delt, begrenzt sie die Weite ihres Bewusstseins auf diesen
Aspekt. Ob das eine banale oder eine hehre Handlung ist,
spielt dabei keine Rolle. Entsprechend zeigt sich, dass es
einem Übenden auch bei einfachen Tätigkeiten möglich
wird, Bedingungen, die eine Kampfkunst ihrer Natur nach
bietet, zu imitieren. Hat der Schwimmer seine Aufmerksamkeit auf sich selbst gerichtet, fällt es ihm sogar leichter, sich nicht von anderen ablenken zu lassen, weil die
Unterhaltung der Teilnehmer im Wasser von Natur aus
nicht möglich oder doch erheblich eingeschränkt ist.

Zudem lässt sich die Komponente des Zweikampfes durch
Teilnahme an Wett- oder Vergleichskämpfen provozieren.
Diesbezüglich können zwei Phasen unterschieden werden.
Zum einen ist bereits die Zeitspanne bis zum Startschuss
relevant. Nervosität oder Übermotivation führen entweder
zu Fehlstarts oder unnötig langsamen Reaktionszeiten.
Zum anderen kommt es immer wieder vor, dass Schwimmer ihren Plan nicht einhalten. Das kann zwar manchmal
dazu führen, über bisherige Leistungen hinauszuwachsen,
falls die mentale Stärke ausreicht; meistens bricht der
Schwimmer jedoch ein, weil der Körper die kurzfristig veränderte Belastung nicht gewohnt ist. Es gibt daher selbst
bei Individualsportarten die Möglichkeit, sich einer Form

des Zweikampfes zu stellen, die ausreichend ist, einen Anlass für eine Auseinandersetzung auf der psychischen
Ebene zu beginnen. Selbst für diejenigen, die nicht in einem Verein trainieren bzw. an Wettkämpfen teilnehmen
möchten oder können, besteht die Option, einen Kampf
zu simulieren, indem sie gegen eine festgesetzte Zeit antreten. In diesem Fall tritt die zweite Komponente in den
Vordergrund, weil der Schwimmer sich emotionslos beobachten muss, um sich nicht zu überfordern und dennoch schnell genug zu sein.

Ähnlich gestalten sich die Möglichkeiten beim Musizieren.
Da in diesem Bereich die Verbesserung notwendig ist, um
einem Musikstück gerecht zu werden, erfüllt das Erlernen
eines Instruments von sich aus (zumindest am Anfang) das
Kriterium des Übens. Bei dem einen oder anderen stellt
sich das sogar als Zweikampf mit demselben dar. Aber das
erfüllt weniger das Kriterium einer Ausweitung der Übung
auf die psychische Ebene. Neben der entspannten Ausführung des Spiels dient in diesen Fällen das Vorspielen vor
Dritten als Test(»kampf«). Das kann alleine vor dem Mu-
siklehrer stattfinden, lässt sich aber beliebig bis hin zur
Teilnahme an öffentlichen Auftritten steigern.

Die in diesem Kapitel aufgezeigten Möglichkeiten deuten
eine erhebliche Bandbreite von Tätigkeiten an, die den
Beginn einer Weg-Übung einleiten können. Bleibt die Frage, ob es tatsächlich so ist, dass jedwede sich wiederholende Aktivität Teil einer Weg-Übung werden kann. Um
sich in dieser Hinsicht Klarheit zu verschaffen, gilt es, die

bisher getroffenen Aussagen zu abstrahieren. Abgesehen von der durch körperliche Übung erzielten Verbesserung der Leistungsfähigkeit wurde dadurch ein Abweichen von einem intendierten Ergebnis offengelegt. Der Karate-Kämpfer unterlag im Zweikampf, der Schwimmer verpasste die angepeilte Zeit oder der Musiker patzte mehrmals im Verlaufe der Darbietung. In allen Fällen kann eine Ursache im psychischen Bereich liegen, die in der Folge durch diese und ggfs. weitere Übungen aufgehoben werden soll. Anders formuliert zeigte der Vergleich mit einem (wenn auch nur vorgestellten) Optimum ein Defizit an. Diese Abweichung von einem gedachten oder realen Optimum bildet die Gemeinsamkeit, die es zu übertragen gilt. Das Optimum kann sich dabei auf verschiedenste Sachverhalte beziehen.

Die Weg-Künste sind auch deshalb ein probates Werkzeug, weil in ihnen sehr weitgehend Richtlinien enthalten sind, die es zu respektieren gilt oder anders ausgedrückt, an denen sich reflektiert werden kann. Auch der Kampf mit der Pünktlichkeit ist ein Reiben des eigenen Verhaltens an einem von außen gesetzten Optimum. Hier wird wiederum deutlich, dass es vor allem auf die Auseinandersetzung mit sich selbst ankommt, um zu einer Weg-Übung zu finden. Am Tee-Weg lässt sich schließlich ablesen, dass die Anmut der Bewegung alleine als ein Optimum ausreicht, diese Innenschau auszulösen. Von diesem Punkt ist es kein weiter Schritt, um zu verstehen, wie auch alltägliche Handlungen Teil einer Weg-Übung werden können. Man kann beispielsweise eine Paprika irgendwie schneiden; oder man kann eine Haltung der Dankbarkeit entwickeln und sich vornehmen, die Schneidebewegung im ganzen Körper entspannt auszuführen und erst dann mit dem Ergebnis zufrieden zu sein, wenn die Würfel allesamt in etwa dieselbe Form und Größe aufweisen. So gelingt es selbst beim Kochen, sich über ein – in diesem Fall selbst gesetztes – Optimum zu entwickeln.

Im physischen Bereich ist ein Optimum sehr leicht zu bestimmen. Komplexer könnte das für die Psyche ausfallen. Bisher lag stets der Bezug zu Nervosität oder Angst vor, der das gewünschte Ergebnis in seiner Qualität reduzierte. Damit ist noch nicht gesagt, ob es neben dem Fehlen einer derartigen Angst ein generelles Optimum in diesem sehr weiten, scheinbar individuell variierenden Gebiet gibt. Auch ist der bisher verwendete Begriff der Psyche zur Unterscheidung vom Physischen zwar allgemein mit einer Vorstellung verbunden, bleibt aber möglicherweise unscharf, wenn es darum geht, sich dem Reflexionswort »der Weg ist das Ziel« zu nähern. Aus diesem Grund soll im nächsten Kapitel ein wenig ausgeholt werden, um das Verhältnis von Psyche, Geist und Seele zu klären.

5 Seele, Geist und Psyche

Betrachtet man heute das Begriffspaar »Seele« und »Psyche«, ohne die historische Entwicklung einzubeziehen, sind beide Begriffe kongruent, weil gemeinhin »Psyche« aus dem Griechischen für »Seele« abgeleitet wird. Das erklärt zumindest den synonymen Gebrauch in jüngeren Strömungen innerhalb der Psychologie. Doch für den Weg-Übenden lohnt sich ein genauerer Blick. Das griechische Wort »psyché« bedeutet »Hauch« und bezeichnet das aus der Erfahrung des Leben spendenden Atems abgeleitete Lebensprinzip, das nach Aristoteles lediglich einen Aspekt der Seele darstellt. Darüber hinaus bildet die Seele aber den Grund für das Leben des sonst toten Körpers. Die Seele als Bewusstseinsprinzip bezeichnet Aristoteles zur Abgrenzung als »Geist«. Ihm zufolge steht der beseelte Leib mit dem Geist in einer Wechselbeziehung, über die der Leib mittels Sinnen (sensorischer Teil der Seele) den Geist affiziert, während dieser den Leib durch Vernunft und Willen lenkt. Psyche und psyché, obwohl nahezu gleich geschrieben, sind somit nach Aristoteles nicht identisch. Ihm zufolge beschreibt die psyché lediglich das Lebensprinzip als *Teilaspekt* der Seele.

Im Rahmen der Aufklärung verlor der Seelenbegriff zusehends an Bedeutung oder wurde der Vernunft widersprechend abgelehnt. Bereits Descartes bricht mit der antiken Vorstellung, Seele bedeute Leben oder die Ursache für

Lebensvorgänge gehe von der Seele aus. Alle Vorgänge in einem lebenden Körper seien mechanisch erklärbar. Die wesentliche Eigenschaft der sogenannten Seele sei das Denken. Für Kant war sie nur eine Idee, die nicht exakt definierbar sei, weil sie sich nicht mathematisch berechnen lasse. Nach Freud wäre die Seele als Unbegreifliches ein antiwissenschaftlicher Begriff. Mehr und mehr wurde der Begriff »Seele« durch andere Termini wie »Person«, »Ich«, »Selbst« oder »Geist« ersetzt. Doch selbst Freud formuliert beispielsweise selbst noch, dass der psychische Apparat durch die psychischen Vorgänge definiert werde und das Instrument sei, welches den Seelenleistungen diene. Dennoch klingt hier bereits das Verständnis der modernen Psychologie an, nach dem Seele und Psyche synonym zu betrachten sind und die Seele lediglich ein Konstrukt darstellt, das Einheit bzw. Ganzheit eines Menschen schafft, ihm Identität und Einzigartigkeit verleiht. Grundsätzlich zeigt auch die wissenschaftliche Psychologie eine ausdifferenzierte Sicht der subjektiven Seite des Menschen, die je nach Vorliebe von seelischen oder eben von psychischen Eigenschaften und Funktionen spricht, die den Menschen konstituieren. Dennoch liegen zwei Unterschiede zu Aristoteles Verständnis vor: Die Seele als Ursprung des Menschen wird negiert und das Denken weniger deutlich als eigenständiger Teilaspekt derselben betrachtet.

Es fällt dem aufgeklärten Menschen, der sich an die Vorherrschaft der Wissenschaft zur Erkenntnisgewinnung gewöhnt hat, meist schwer, den aktuell akzeptierten Wissenskanon ernsthaft zu hinterfragen. Doch es soll noch einmal Freuds Bemerkung analysiert werden: Die Seele sei als Unbegreifliches ein antiwissenschaftlicher Begriff. Bei genauerer Betrachtung fehlt in diesem Zusammenhang jede wissenschaftliche Begründung für seine Annahme. Den Menschen waren viel einfachere Dinge nicht begreiflich und dennoch wurden sie irgendwann verstanden. Kritisch betrachtet kann erst einmal Freud die Seele nicht begreifen. Weil er zudem niemanden kannte, der dazu in der Lage gewesen wäre, verallgemeinerte er sein eigenes Unvermögen. Damit wird letztlich nichts Verlässliches über den Betrachtungsgegenstand »Seele« ausgesagt. Streng genommen formuliert Freud lediglich eine These, die wissenschaftlich zu untersuchen wäre. Aufgrund der Freud zugeschriebenen Kompetenz auf dem Gebiet der Psychologie wird das übersehen. Auch die sich immer mehr auf diesem Feld betätigenden Neurowissenschaftler, die den Begriff »Seele« als obsolet betrachten, weil alles nur aus Materie sein könne, so dass an die Stelle seelisch-geistiger Zustände neuronale Aktivitäten treten müssten, bleiben bisher einen Beweis schuldig, der eindeutig gegen die Existenz einer Seele spricht. Lange Zeit galt ein Versuch von Libet als Beleg dafür, dass kein Raum für den freien Willen bleibe und die Seele unter der Herrschaft des Gehirns stehe. Bereits vor der Bewusstwerdung war bei den Probanden ein Bereitschaftspotenzial für eine Handlung im Gehirn entstanden. Doch Untersuchungen mit einem verbesserten Design haben in jüngerer Zeit gezeigt, dass Versuchsteilnehmer trotz Auftretens eines messbaren Bereitschaftspotenzials in der Lage waren, ihre Handlungen noch zu verändern. Die Negation der Seele lässt sich folglich bisher nur aus der Annahme eines materialistisch-deterministischen Menschenbildes ableiten. Sollte dieses Modell jedoch unvollständig sein, verliert die Negation seine Berechtigung und ist damit im aktuellen Stadium der Forschung grundsätzlich unwissenschaftlich.

Der moderne Mensch neigt dazu, Vorstellungen aus früheren Zeiten leichtfertig abzutun, weil manche Ideen de facto aufgrund mangelnder naturwissenschaftlicher Erkenntnisse falsch waren. Doch es wurde zu jeder Zeit Wissen formuliert, das Zusammenhänge richtig erfasst, auch wenn der wissenschaftliche Beweis erst viel später erbracht wurde. Das hat sich bis in die heutige Zeit nicht verändert. Die Existenz von Gravitationswellen wurde nur bewiesen, weil Physiker nach Einsteins Annahme Jahrzehnte danach gesucht haben. Einstein war nicht einmal studierter Physiker. Aber vielleicht lag gerade darin der Grund, warum er mit einer unbelasteten Sicht Berechnungen durchführen konnte, die den damaligen Kenntnisstand überwanden. Nicht selten ist ein Blick von außen bei der Lösungssuche hilfreich. Deshalb soll an dieser Stelle der Blick auf Seele und Psyche aus yogischer Perspektive erfolgen.

Yogi Bhajan gibt ein Verständnis weiter, nach dem die Seele das reine Bewusstsein, das sehende (nicht wertende) Selbst bildet, das der Geist, das meinende (wertende) Selbst, spiegelt und der/das auf diese Weise bewusst erscheint. Weil nach Yogi Bhajan dem Geist neben dem Verstand auch die Bereiche des Un- und Unterbewussten zugerechnet werden, stimmt das, was er als Geist bezeichnet, weitgehend mit dem modernen Begriff »Psyche« überein.

Ohne durch die vom Geist respektive von der Psyche verursachte Abschirmung der Seele wäre diese und damit der zugehörige Mensch nicht in der Lage, sich als getrenntes Individuum wahrzunehmen. Gleichzeitig verhindert aber der nicht geschulte Geist, dass der von der Seele im Verstand angestoßene Gedanke in seiner ursprünglichen Klarheit und Reinheit erkannt wird, weil er auf seinem Weg zur Bewusstwerdung quasi einer Verformung unterliegt. Folgendes Beispiel soll dazu dienen, dies verständlicher zu machen: Der Anblick eines bedürftigen Kleinkindes löst im Normalfall einen Akt liebender Hilfe aus. Wird dieser Impuls innerhalb der geistigen Strukturen in extremer Form verändert, unterbleibt diese Reaktion oder kehrt sich sogar in eine schädigende um. Erkennt der Mensch hingegen die Impulse, die in der Seele angestoßen werden, handelt der Mensch mitfühlend in selbstloser Liebe.

Diesen einfachen Zusammenhang formuliert der Physiker Bohm in wissenschaftlicher Sprache etwas schwieriger verständlich: »Wird berücksichtigt, dass hinter den Erscheinungen der expliziten Ordnung in Form von Lichtwellen innerhalb einer komplexen Bewegung elektromagnetischer und anderer Felder, die alle quantenmechanischen Prinzipien unterliegen, die implizite Ordnung vorliegt, und das gesamte Universum durch die Bewegung der Lichtwellen an jedem Ort eingefaltet ist und über die Betrachtung entfaltet wird, wird der Gedanke plausibel, das Gehirn lediglich als Auswerter von Frequenzen zu betrachten, über den sich das Bewusstsein auf das Dasein in der materiellen Welt einstellt. Daraus folgt, dass sich das Bewusstsein auf verschiedene Ebenen einstimmen kann, wenn die Grenzen des Gehirns aufgehoben bzw. erweitert werden. Verändert der Mensch die Ebene seines Bewusstseins in entsprechender Weise, gelangt er zu einer Ethik des Hingebens und vervollkommnet auf diese Weise sich selbst.«

Dieser Gedankengang ist den meisten Menschen nicht einmal sehr fremd, ohne sich dessen bewusst zu sein. Jedes Mal, wenn der Mensch Mitgefühl empfindet, werden Neurone aktiv, die Spiegelneurone genannt werden. Die Bezeichnung folgt dem Umstand, dass diese Neurone feuern, sobald sich ein Mensch in etwas hineinversetzt. Das geschieht zum Beispiel auch dann, wenn jemand beobachtet, wie ein anderer einen Apfel in bestimmter Weise in die Hand nimmt. Er weiß bereits vor der sich fortsetzenden Bewegung, dass der andere gleich in den Apfel beißen wird. Die Aktivität der Spiegelneurone zeigt somit auch an, wenn sich das Bewusstsein von seiner Eigenorientierung hin zu einer verbundenen Sichtweise justiert.

Somit nährt sich vielleicht etwas mühsam auch der wissenschaftlich ausgerichtete Mensch einem Wissen an, das in Europa seit dem Mittelalter durch die Vernichtung der zu diesen Erfahrungen führenden Techniken aus dem Bewusstsein der Menschen verschwunden ist, das allerdings den Kern jeder Weg-Übung bildet. Abschließend soll daher noch einmal festgehalten werden, dass die Seele nicht nur ein Konstrukt ist, sondern den unsterblichen Kern der menschlichen Existenz auf energetischer Ebene bildet. Der Zugang zu dieser Ebene der Verbundenheit allen Seins eröffnet ein entspanntes Dasein in selbstloser Liebe und Mitgefühl. Das Erfahren dieser Schwingungsebene impliziert eine Handlungsqualität, die sich nicht mehr in das Belieben des Einzelnen stellt. Der Geist ist wiederum der Dreh- und Angelpunkt bzw. das Instrument, um das eigene Bewusstsein (möglichst) dauerhaft auf diese Ebene zu führen. Insofern ist es in gewisser Weise falsch, den Begriff »Seele« durch den Begriff »Geist« ersetzen zu wollen. Andere Begriffe wie »Selbst«, »höheres Selbst« oder »Psyche«, die in diesem Zusammenhang verwendet werden, bleiben hingegen unnötig unscharf.

Aus diesen Ausführungen lassen sich verschiedene Schlüsse ziehen, die für die Betrachtung eines Weges bzw. hinsichtlich der Übung im Sinne eines solchen bedeutsam sind und den Inhalt des nächsten Kapitels bilden.

6 Der Weg ist das Ziel

»Der Weg ist das Ziel« ist eine vielschichtige Weisheit, deren Aussage sich auf verschiedene Ebenen bezieht. Da nicht jeder auf Anhieb alle Ebenen erfasst, handelt es sich um ein Reflexionswort. In Abhängigkeit vom eigenen Erfahrungs- oder Wissensstand erschließt sich die dazugehörige Bedeutung. Dabei ist scharf zwischen beiden Fällen zu unterscheiden. Erfolgt der Zugang über bereits erreichte Erfahrung, bestätigt sich diese dadurch. Liegt der Interpretation hingegen nur Wissen zugrunde, zeigt das Wort die Richtung auf, in der die eigenen Bemühungen erfolgen müssen, um das Ziel zu erreichen.

Auch wenn man auf den ersten Blick davon ausgehen könnte, dass ausschließlich der Weg das Ziel ist, muss man sich die Frage stellen, wohin der Weg führt. Es kann kaum gemeint sein, sich sinn- und planlos zu bewegen. Das Ziel eines Weges liegt – wie im vorhergehenden Kapitel dargelegt – in der Rückschau auf die eigene Seele, dem ewig existierenden Kern der eigenen Existenz, d.h. darin, die Impulse der Seele wieder klar wahrzunehmen. Ein Mensch, der es geschafft hat, den Anfang dieses Weges zu finden, lässt sich zumindest hinreichend von den zunächst eher unterschwellig gefühlten als bewusst wahrgenommenen Impulsen seiner Seele leiten, weil das Voranschreiten auf dem Weg, die Seele zu erblicken, durch deren Impulse veranlasst ist. Der Weg ist folglich identisch mit dem Ziel, das in dem Augenblick erreicht ist, wenn das eigene Erfahrungsniveau dazu führt, ohne Ausnahme den Impulsen der Seele zu folgen.

Dringen die Impulse der Seele immer deutlicher in das Bewusstsein vor, entwickelt sich das Verständnis für eine *objektiv* existierende Wahrheit. Eine Wahrheit, die über den Menschen hinausgeht, in der und aus der heraus er lebt, weil er über die Seele als realer (dem Auge verborgen bleibenden) Schwingungsebene mit dem Sein verbunden ist, und die somit die Basis für die Erfahrung von Einheit bildet. Am Anfang war das Wort, Wort ist Klang und Klang ist Schwingung. Das Bewusstsein kann sich auf diese Schwingung einstellen, um so in seinem Ursprung zu ruhen. Diese Aussagen bilden Konnotationen zum Begriff der »Seele«, die hingegen bei anderen Begriffen wie »Selbst« fehlen. Im Laufe eines Weges müssen daher zwei Sachverhalte verstanden werden. Der Mensch ist Teil eines größeren Ganzen (ohne dieses zu sein), das Gott genannt werden kann. Dringen diese, von der Seele aufgegriffenen Impulse in das menschliche Bewusstsein, erkennt sich der Mensch in seinem *wahren* Kern, er erkennt sich selbst, und seine Lebensweise wird von selbstloser Liebe sowie Mitgefühl geprägt. Damit kommt zum Ausdruck, dass der Mensch erstens seinem Wesen nach nicht unzulänglich ist und zweitens diesen Eigenschaften nicht erst über einen Denkprozess zur Entfaltung verholfen werden muss.

Dennoch kommt auch dem Denken bzw. dem Geist eine tragende Rolle auf dem Weg zu. Bezogen auf die Ursache

mangelnder Seelenschau, dem ungeklärten bzw. ungeschulten Geist, lässt sich auf der ursächlichen Ebene analog formulieren: Das Ziel liegt in der Transformation des
Geistes, damit die Impulse der Seele klar erkennbar werden. Der Weg dorthin besteht darin, den Geist zunehmend zu transformieren, bis transformierender und trans-
formierter Geist identisch sind.

Die Schulung des Geistes darf jedoch nicht ausschließlich
über einen Denkprozess erfolgen. Es geht immer darum,
die Erfahrung der Verbundenheit durch Rückschau auf die
Seele zu vollziehen. Die Seele lässt sich nicht über eine intellektuelle Auseinandersetzung begreifen. Solange die
Seele oder auch Gott Objekte der Betrachtung über das
Denken bleiben, besteht eine Kluft zwischen dem Objekt
der Betrachtung und dem Subjekt des Betrachters. Diese
Lücke lässt sich nur über eine reine Erfahrung überbrü-
cken. Ähnlich verhält es sich, wenn man bei einem Musikstück die Noten in die Bezeichnung eines Tons gedanklich
übersetzen muss, bevor der Ton angeschlagen werden
kann. Dadurch sind Note und Ton nicht in einem Augenblick eins. Ein Musikstück lässt sich jedoch nur in Perfektion darbieten, wenn dem Musiker keine Gedanken in die
Quere kommen. Dafür wiederum ist Übung notwendig.

Hinsichtlich jeglicher Übung weist die Aussage, »der Weg
ist das Ziel«, auf einer handlungsbezogenen Ebene darauf
hin, dass es immer nur auf die aktuelle Handlung ankommt. Daraus leitet sich ab, die zu leistenden Bemühungen überschaubar zu halten. Nicht selten neigt der

Mensch angesichts eines großen Projekts dazu, sich nicht nur von den naheliegenden Schritten ablenken zu lassen, sondern sich aufgrund der scheinbar überfordernden Größe einer Aufgabe gänzlich von deren Verfolgung abzuwenden.

Um diesen Notwendigkeiten gerecht zu werden, gilt es, die eigenen Möglichkeiten angemessen zu berücksichtigen. Hierfür wird im Allgemeinen der Grundsatz verfolgt, sich vom Einfachen zum Komplexeren zu bewegen. Der Anfänger lernt beim Karate zunächst die Basistechniken, die technisch weniger anspruchsvoll sind, weil sie koordinativ einfacher sind, weniger Beweglichkeit erfordern und es leichter fällt, in ihnen die gewünschte Kraft zu entfalten. Mit der Zeit nimmt der Schwierigkeitsgrad sowohl einzelner Techniken als auch deren Kombination und Anwendung am Partner sowie die Komplexität der Kata zu. Gleiches gilt für einen methodisch gut ausgearbeiteten Musikunterricht. Ausgehend von den Grundtönen steigert sich die Geschwindigkeit, weitere Tonarten kommen hinzu und die Schwierigkeit der Musikstücke erhöht sich signifikant. Selbst bei einer Bewegungsart wie dem Schwimmen wäre es unvernünftig, mit dem Delfinschwimmen (Schmetterling) beginnen zu wollen, das den komplexesten Stil darstellt. Nicht umsonst beginnen Kinder mit dem Brustschwimmen, bei dem sie zunächst den Kopf mehr oder weniger über Wasser halten können, um einen Angstfaktor zu vermeiden. Und selbst davor scheuen manche Menschen zurück, insbesondere Erwachsene, falls sie es in der Kindheit versäumt haben sollten, sich im Wasser zurechtzufinden. Sogar zwischen dem einfachen Brustschwimmen und einer effizienten Technik bestehen deutliche Unterschiede, die hinreichend Übung auch von demjenigen verlangen, der nicht an Meisterschaften teilnehmen möchte. Während es auf den ersten Blick jedoch nicht in erster Linie um eine Frage von möglicherweise Leben und Tod wie im Metier der Kampfkünste geht, hängt eine gute Technik hier immerhin mit der Frage zusammen, ob das Schwimmen in größeren Umfängen gesund bleibt. Das gilt nur dann, wenn falsche Belastungen in Knien oder dem Nacken vermieden werden. Darüber hinaus legt eine effiziente Bewegung die Zeitspanne fest, in der sich jemand über Wasser halten kann, was – zugegeben eher selten – darüber entscheidet, ob der Betreffende das rettende Ufer erreicht oder die Hilfe durch Rettungskräfte noch erlebt.

Insgesamt zeigt sich an diesen Beispielen, warum sich wiederholende Tätigkeiten als Werkzeug wichtig sind. Nur auf diese Weise lässt sich auf den verschiedenen Stufen des Könnens die notwendige Festigung des Erlernten erzielen und darauf aufbauend die Entwicklung methodisch sinnvoll fortsetzen. Auf diese Weise ist der Übende zwar immer gefordert, fordert sich auch temporär mehr, als seinem Leistungsstand entspricht, fühlt sich aber nie – und erst recht nicht dauerhaft – überfordert.

Um diese schrittweise Entwicklung zu beachten, bedarf es einer angemessenen inneren Haltung. Doch nicht nur eine Überforderung kann zu einer Demotivation führen. Die stellt sich bei vielen ebenso ein, wenn bei jeglichem Handeln stets nur einem einzigen, weit entfernten Ziel eine maßgebliche Bedeutung zugeschrieben wird. Wenn in einem solchen Fall kein übermächtiger Handlungsantrieb besteht, führt die notwendige Detailarbeit mehr oder weniger früh zu einem demotivierenden Gefühl der Langeweile.

Für eine Weg-Übung lassen sich daraus zwei Schlussfolgerungen ziehen. Die Auswahl des Werkzeugs sollte so erfolgen, dass die ausgeführte Tätigkeit an sich motivierend ist, d.h., der Impuls zur Übung sollte nicht nur dadurch angetrieben werden, ein Fernziel zu erreichen. Dann ist der Übende hinreichend in der Lage, sich stets auf das zu konzentrieren, was aktuell zur Verbesserung seiner technischen Möglichkeiten notwendig ist. So bleibt stets die aktuelle Bemühung im Zentrum der Aufmerksamkeit, ohne diese an irgendetwas anderem zu messen und damit zu bewerten.

Das verdeutlicht dem Weg-Übenden zudem, dass die Motivation für die eigenen Bemühungen keinen Mittel-Zweck-Charakter aufweisen darf. Insbesondere im Hinblick auf eine Weg-Übung ist das von entscheidender Bedeutung. Ein Weg ist niemals dazu da, Punkte zu sammeln oder um von sich sagen zu können, ein besserer Mensch geworden zu sein bzw. zu werden. Über diese Attitüde verfängt sich der Weg-Gehende in einem spirituellen Ego, das weiteren Fortschritt verhindert, weil es meist kaum durchschaubar ist. Der Geist gaukelt einem in diesem nicht bei jedem Übenden vorübergehenden Stadium vor, bereits am Ziel angekommen zu sein. Man hat sich quasi im Dschungel der vom ungeschulten Geist initiierten trügerischen Gedanken verlaufen, aus dem es ohne Hilfe schwer ist, wieder herauszufinden. Und nicht selten werden die Zeichen oder Menschen fehlgedeutet, die helfende Impulse aussenden, weil der Betroffene überhaupt nicht realisiert, sich in diesem Dschungel verlaufen zu haben. Diesen Hinweis gilt es für jeden aufmerksam zu beachten, der sich auf seinen Weg machen möchte, weil es in der Natur dieses Verirrens liegt, es kaum zu bemerken.

Nicht zuletzt trägt dazu bei, dass sehr häufig der Maßstab, an dem sich ausgerichtet werden soll, nicht klar verstanden wurde. Fehlt aber dieser Maßstab, kann der Geist leicht dazu geneigt sein, erste positive Veränderungen falsch zu interpretieren. Zusammenfassend lässt sich daher festhalten: Das Ziel liegt in der Rückschau auf die eigene Seele – in unpräziser Diktion: in der Erfahrung des eigenen (höheren) Selbst. Das bedeutet, den Geist auf die Ebene der Verbundenheit anzuheben, um stets in Mitgefühl und selbstloser Liebe zu handeln. Um diesen Weg gehen zu können, muss sich diesem zweckfrei hingegeben und sich zu jeder Zeit lediglich auf das konzentriert werden, was gerade ansteht. Damit wurde in dem Wort, »der Weg ist das Ziel«, tatsächlich das Wesentliche jeder Weg-Übung komprimiert.

7 Struktur einer Weg-Übung

In den vorangegangenen Kapiteln wurde herausgearbeitet, unter welchen Bedingungen ein Training oder – allgemeiner formuliert – die Wiederholung einer repetitiven Tätigkeit die Kriterien einer Weg-Übung erfüllt. In einem nächsten Schritt soll aufgezeigt werden, welche grundlegende Struktur diese aufweist. Darüber können Unterschiede verstanden werden, die sich für die persönlichen Entwicklungsmöglichkeiten im Rahmen der gewählten Vorgehensweise ergeben.

Es wurde bisher ausgeführt, dass der Blick auf die eigene Seele durch den ungeschulten Geist verstellt wird. Konkreter bedeutet dies, dass im Tagesbewusstsein erscheinende Gedanken dem Erleben von Verbundenheit entgegenwirken. Ein einfaches Beispiel verdeutlicht das. Ein Kellner in einem Lokal bringt einem Gast ein falsches Gericht. Dieser kann die Entschuldigung akzeptieren oder sich einer durch seine Gedanken entstandenen Empörung hingeben und dieser wortreich Ausdruck verleihen. Mögliche Ausdrucksformen weisen eine erhebliche Bandbreite auf und sollen hier nicht wiedergegeben werden. Wichtig zu verstehen ist, dass in der Regel erst eine Emotion einen derartigen Gedanken sichtbar macht bzw. zu einem Defizit in den eigenen Handlungsmöglichkeiten führt. Die Stufen einer Weg-Übung sind mit der Fähigkeit im Umgang mit derartigen, zur Trennung führenden Gedanken verknüpft.

Dabei ist entscheidend, wann bzw. wie der Mensch auf diese Gedanken einwirkt. Auf der **ersten Stufe** lernt der Übende, mit seinen Gedanken umzugehen. Er wird zunehmend leichter in die Lage versetzt, diesen nicht quasi wie in einem Zwang nachgeben zu müssen.

Auf dieser Stufe lassen sich drei Bereiche unterscheiden, die über zwei Dimensionen bestimmt werden. Einerseits führt die Intention des Handelnden nicht selten (bewusst oder unbewusst) zu einer Begrenzung der Weg-Übung. Diese Dimension legt die Übungstiefe fest. Andererseits bestimmt die Anzahl der Übungssituationen die Übungsbreite als zweite Dimension. Beide zusammen spannen ein Handlungsfeld auf, das die Basis für die möglichen Ziele und damit potenziellen Erfolge auf dieser Stufe bildet.

Übungsspezifischer Bereich

Innerhalb des übungsspezifischen Bereichs liegt das Übungsziel im tätigkeitsspezifischen Bereich und bleibt auf diesen begrenzt. Das soll an einem kurzen Beispiel für den Karate-spezifischen Bereich verdeutlicht werden. Ein Trainierender stellt immer wieder fest, dass er im Kumite-Wettkampf sowie in den Partnerübungen während einer Prüfung oder auch während des Trainings ständig Angst hat, getroffen und (versehentlich) verletzt zu werden. Er kann nun das Training so gestalten, dass er sich wiederholt mit dieser Situation auseinandersetzen muss. Hierzu wäre es beispielsweise zielführend, sich in den Partnerübungen möglichst spät zu bewegen oder sich in Situationen zu begeben, die sich durch eine besonders kurze

Zeitspanne auszeichnen, die über Erfolg oder Misserfolg, hier das Nicht-getroffen-Werden, entscheiden. Als Möglichkeit sei an Übungsformen zur Verbesserung direkter Konter, d.h. De-ai-Situationen, gedacht. Mit der Zeit wird sich unter bestimmten Voraussetzungen, die letztlich Anlass dieses Buches sind, der intendierte Erfolg als eine Karate-spezifische (mehr oder weniger tiefe) Ruhe einstellen.

An dieser Stelle könnte die Frage aufgeworfen werden, worin sich diese Situation von derjenigen unterscheidet, in der aus Angst heraus Selbstverteidigungstechniken trainiert werden. Es soll aber noch einmal daran erinnert werden, dass Weg-Übung voraussetzt, eine Auseinandersetzung mit der Umwelt auf eine innere Ebene zu verlagern. Die Motivation für die Übung ist somit eine andere. Es wird nicht trainiert, weil die Angst existent ist, sich in einer hypothetischen bedrohlichen Situation im realen Alltag verteidigen zu müssen. Es wird nicht primär gehandelt, um den anderen zu besiegen, sondern um seine eigene Angst zu verändern – unabhängig davon, ob sich weitere Erfolge dadurch einstellen. Erst die Absicht zur inneren Veränderung führt dazu, dass die oben geschilderte Situation zum Element des übungsspezifischen Bereichs einer Weg-Übung wird. Auch die Tatsache, dass Erfahrungen im Übungskampf ein eventuelles Kampfverhalten in einer realen Aggressionssituation bis zu einem gewissen Grad beeinflussen können, ändert an dieser Einordnung nichts, solange es sich dabei lediglich um eine nicht intendierte Begleiterscheinung handelt. (Verändern würde sich die Beurteilung erst, wenn reale Kampfsituationen eingegangen werden, was ausdrücklich nicht mit der Intention des Buches vereinbar ist.)

Eine Karate-spezifische Ruhe stellt sich in den entscheidenden Momenten während des Trainings ein, deren Tiefe von Aspekten abhängt, die noch besprochen werden sollen. Im Wesentlichen beschränkt sie sich aber auf diese Momente, weil sich einzig die Angst vor Verletzung durch andere verändert hat. Aus diesem Grund erfolgt die Einordnung als Element des übungsspezifischen Bereichs einer Weg-Übung. Im vorliegenden Fall könnte der Übende trotz der Verbesserung seiner Situation während des Karate-Trainings unter Umständen nicht in der Lage sein, entspannt von einem 10-Meter-Turm in ein Schwimmbecken zu springen, weil er Angst hat, er könnte sich bei falschem Auftreffen auf der Wasseroberfläche verletzen.

Es bestünde damit eine allgemeine Angst davor, verletzt zu werden. Diese Angst lässt sich in objekt- oder situationsbezogene Ängste unterteilen: die Angst vor Verletzung durch einen Schlag eines Gegners sowie die Angst durch Verletzung durch falsches Aufkommen auf dem Wasser. Die Angst allgemein vor Verletzung kann als abstrakte Klasse betrachtet werden, die verschiedene konkretisierte Ausprägungen in Form von Objekt- und Situationsängsten enthält. Mit einem übungsspezifischen Fokus der Weg-Übung kann in der Regel nur eine bestimmte Erscheinungsform einer klassierten Angst transformiert werden, weil sowohl die Übungstiefe als auch die Übungsbreite eng begrenzt sind.

Klassenspezifischer Bereich

Anders verhält es sich bei der Weg-Übung im klassenspezifischen Sinn. Hier besteht nun die Möglichkeit und liegt das Ziel darin, eine abstrakte Klasse einer Emotion oder Eigenschaft (bzw. den dahinter stehenden Gedanken) zu transformieren. Im vorhergehenden Beispiel wäre die Angst vor Verletzung in jeder Form das Ziel gewesen.

Die Ausgangslage ist demzufolge die gleiche wie bei einer übungsspezifischen Weg-Übung. Die Übung während des Karate-Trainings oder einer anderen sich wiederholenden Tätigkeit wird dazu eingesetzt, sich mit einem bestimmten persönlichen Aspekt auseinanderzusetzen. Hierbei könnte es sich um die als Untugend bezeichnete Faulheit handeln, die den meisten Menschen mehr oder weniger zu schaffen macht – selbst wenn ehrlicherweise zugegeben werden muss, dass beim Verlust jeglicher Faulheit auch ein Stück Lebensqualität abhandenkommt. Es geht letztlich aber nur darum, überhaupt anders zu können. Dazu weiter unten mehr.

Es lassen sich zahllose Möglichkeiten denken, wie eine Person erreichen kann, der eigenen Faulheit eben nicht nachzugeben und im Gegenteil mit besonderem Fleiß sowie äußerster Regelmäßigkeit die Übungen durchzuführen. Soll diese Übung nicht nur als übungsspezifische Weg-Übung durchgeführt werden, muss die Übungsbreite erweitert werden. Das setzt voraus, die Übungen nicht ausschließlich auf das Übungswerkzeug zu begrenzen. Die einzige Möglichkeit das zu erreichen, besteht darin, das

Üben auf andere Situationen auszudehnen. Das bedeutet zunächst einmal, die für die abstrakte Klasse kritischen Situationen im Alltag als Übungen zu begreifen und zu nutzen.

Im Falle der Faulheit handelt der Übende somit in dem Wollen, seine Faulheit insgesamt zu transformieren und nicht nur bezogen auf einen Situationstyp. Es soll nicht nur die Faulheit beim Sport, sondern auch beim Abwaschen, beim Weg zur Arbeit (Auto statt Fahrrad) und dergleichen verändert werden. Diese Übungen sind eigentlich ganz leicht. Denn es muss in jeder Situation nur das Gegenteil von dem getan werden, was die Faulheit gerade suggeriert. Dann wird sich nach einer mehr oder weniger langen Phase der Erfolg einstellen. Faulheit wird für den Übenden kein Thema mehr sein, weil er die Fähigkeit entwickelt, den Bewertungsprozess zu unterbrechen, der den Grund für die Unlust bildet. Erst dieser gedanklich stattfindende Bewertungsprozess führt dazu, Dinge nicht einfach zu erledigen.

Eine klassenspezifische Weg-Übung ist demnach dadurch gekennzeichnet, dass durch die Ausweitung der Übungstiefe die abstrakte Klasse einer Emotion oder Eigenschaft transformiert werden soll und kann. Damit geht gleichzeitig eine Ausdehnung der Übungsbreite einher, weil die Anzahl der Situationen, in denen geübt wird, zunimmt, indem alltägliche Situationen in die Übung einbezogen werden.

Diese beiden Bereiche der Weg-Übung sind nicht als separate Instrumente persönlicher Entwicklung zu verstehen. In den meisten Fällen ist es so, dass Übende im Sinne einer übungsspezifischen Weg-Übung beginnen und diese im Laufe der Zeit zu einer klassenspezifischen Weg-Übung ausweiten. Nicht selten münden diese Bemühungen in den universellen Bereich.

Universeller Bereich

Dieser wird erreicht, sobald weder die Übungstiefe noch die Übungsbreite in irgendeiner Weise begrenzt werden. Das spezifische Üben einer Kampfkunst oder entsprechenden Tätigkeit dient nur noch als Prinzip für das übrige Leben. Alle Emotionen und Eigenschaften kommen auf den Prüfstand der Reflexion. Insofern werden im Alltag alle Situationen dazu verwendet, Erkenntnisse über die eigene Person zu sammeln, und als Anlass für Übung genommen, um notwendige Veränderungen in der eigenen Persönlichkeitsstruktur zu ermöglichen.

Um zu keinen Fehlannahmen im Hinblick auf die Möglichkeiten eines Werkzeugs zur Persönlichkeitsentwicklung zu gelangen, soll noch einmal darauf eingegangen werden, wodurch diese erste Stufe einer Weg-Übung gekennzeichnet ist, bevor die zweite Stufe erläutert wird. Werkzeuge wie Karate-Do (Weg der leeren Hand) versetzen den Übenden in die Lage, seinen Gedanken nicht mehr hilflos ausgeliefert zu sein. Das geschieht über zwei Mechanismen. Erstens werden Situationen, Ereignisse oder Eindrücke in der inneren Auseinandersetzung anders bewertet, und zweitens nimmt die mentale Stärke zu, sich den ungewünschten Folgen vieler Gedanken widersetzen zu können. Damit ist bereits viel gewonnen. Doch muss sich der Übende bewusst sein, dass ihn die Umstände immer noch überfordern können. Genau genommen bildet dieser Entwicklungsstand häufig die Grundlage für Action-filme. Der an sich sehr fortgeschrittene Schüler einer Kampfkunst wird als souveräner Mensch im Alltag dargestellt, dem es gelingt, Auseinandersetzungen zu umgehen. Doch im Verlauf der Handlung tritt ein sehr schmerzhaftes Ereignis ein, das diesen Schüler aus Rache antreibt, bis es ihm in einem finalen Kampf gelingt, der gerechten Sache zum Sieg zu verhelfen. Diese fiktiven Darstellungen enthalten jedoch einen wahren Kern. Solange der Übende nur auf der ersten Stufe gelernt hat, mit seinen Gedanken umzugehen, bleibt er diesen ausgeliefert, sobald sich die Umstände in einer Weise verschlechtern, die seine mentalen Kräfte überfordern.

Die Ursache hierfür liegt in Erfahrungen, die im Un- sowie Unterbewussten gespeichert sind, durch die die Impulse der Seele nicht in ihrer Reinheit im Verstand wahrgenommen werden. Spricht eine Situation Facetten einer gespeicherten Erfahrung an, reichert diese einen aktuellen Gedanken mit der Essenz dieser Erfahrung an. Der in der Seele angestoßene Gedanke verändert sich dadurch umso stärker, je intensiver die Erfahrung mit einem Gefühl verbunden ist, das dieser ihre Kraft verleiht. Um ein Bild zu gebrauchen, ließe sich der Impuls der Seele respektive der angestoßene Gedanke als Metallkugel verstehen, die in ihrem geradlinigen Verlauf von elektromagnetischen Feldern mehr oder weniger stark in eine andere Richtung abgelenkt wird. Am Ende steht eine Handlung oder Entscheidung, die nicht selten gegen die Überzeugungen eines Weg-Übenden ausfällt.

Deshalb ist es in vielen Fällen am Übergang von einem Gefühl zu einem Wunsch, der sich schließlich in einer Handlung ausdrückt, sehr schwierig, über den Willen einzugreifen. Der Mensch bleibt abhängig von den Umständen, die darüber entscheiden, ob und wie erfolgreich ihm das gelingt. So gesehen ist es eine Frage des Zufalls. Das erklärt die Vielzahl von Beispielen, in denen Menschen an den eigenen Zielen scheitern und sogar an sich zu verzweifeln beginnen, weil der Wunsch nach einem Leben in Liebe und Mitgefühl oder doch wenigstens ohne schädliche Aggressionen immer wieder zunichte gemacht wird. Das Leben bleibt dadurch stets anstrengend, weil jederzeit damit gerechnet werden muss, vom eigenen Geist überholt zu werden. Menschen, die beispielsweise zu Jähzorn neigen, wissen, was das bedeutet. Auch wenn sie sich darum bemühen, Ruhe zu bewahren, überrollt sie je nach den Umständen der nächste Anfall, bevor sie noch eine Chance gehabt haben, diesem auf der Verstandesebene Einhalt zu gebieten.

Deshalb haben nicht wenige Traditionen letztlich aufgrund einer verklärten Sicht auf den Geist versucht, sich ihrer Gefühle zu entledigen. Dieser Ansatz greift jedoch aus zwei Gründen zu kurz. Ein Leben ohne Gefühle garantiert noch lange nicht, dass der Geist tatsächlich auf dem Schwingungsniveau der Seele agiert. Ein einfaches Beispiel bilden Samurai, die sich aufgrund einer Niederlage selbst töten mussten, um ihre Ehre nicht zu verlieren. Ein derartiger Ehrenkodex ist jedoch vom Leben und damit von der Seele abgewandt. Damit ist er Ausdruck eines nicht geschulten Geistes, der den Menschen jederzeit in die Irre führen kann. Selbst wenn die Folgen nicht so dramatisch ausfallen wie in diesem Beispiel, bleibt ein Leben mit einem ungeschulten Geist überwiegend anstrengend, weil der Mensch nie sicher sein kann, das Richtige zur richtigen Zeit zu tun. Darüber hinaus sind Gefühle Bestandteil eines erfüllten Lebens, die verschiedene Aufgaben erfüllen, die das Erleben verbessern oder einfach eine Schutzfunktion entfalten.

Wenn aber eine willentliche Intervention zur personalen Entwicklung notwendig ist, muss diese folglich an einer anderen Stelle in dem Ablauf Gedanke, Gefühl, Wunsch und Handlung ansetzen. Das muss geschehen, *bevor* der in der Seele angestoßene Gedanke verändert wird. Nur dann verschwindet die Veränderung des Gedankens aus der unbewussten Funktionsweise des tieferen Geistes. Dazu muss das Gefühl, das der Veränderung des Gedankens aus einer früheren Erfahrung heraus Kraft verleiht, von dem älteren Gedanken getrennt werden. Um im Bild mit der Kugel zu bleiben, verschwindet dadurch die elektromagnetische Anziehungskraft, die die Kugel ablenkt. Das führt dazu, dass der Impuls der Seele als reiner Gedanke wahrgenommen wird. Selbst wenn der im tieferen Geist noch erinnerliche Gedanke später willentlich im Verstand angestoßen wird, fehlt diesem die Kraft, handlungsleitend zu wirken.

Um auf die **zweite Stufe** einer Weg-Übung zu gelangen, bedarf es demzufolge eines Werkzeugs, durch das der Übende in die Lage versetzt wird, zu einem früheren Zeitpunkt auf seine Gedanken einzuwirken. Viele Kampfkünstler wenden sich auch deshalb verschiedenen Meditationsformen zu, die dazu beitragen, die Gedankentätigkeit bis zu einem gewissen Grad zu beruhigen. Diese in der Regel stillen Meditationen wirken jedoch nur nahe unter der Bewusstseinsschwelle. Alleine erreichen sie nicht die notwendige Tiefe, um den Geist in seiner tieferen Struktur zu transformieren. Um dort Veränderungen zu erzielen bedarf es einer Mantra-Meditation.

Die zweite Stufe einer Weg-Übung ist daher durch die Hinzunahme einer Mantra-Meditation gekennzeichnet. Diese folgt klaren Regeln. Will der Weg-Übende seinen Geist vollständig transformieren, muss er nachhaltig und sehr intensiv über einen längeren Zeitraum mit dem Mantra meditieren. Das ist sowohl physisch als auch psychisch anstrengend, so dass es bereits mehrere Jahre dauert, bis der Übende in der Lage ist, die benötigte Zeitdauer zu praktizieren. Insofern erweist sich eine auch körperlich orientierte Weg-Übung wie eine Kampfkunst durchaus als hilfreich, den Anforderungen auf dieser Stufe schneller gerecht werden zu können. Nicht selten schafft die erste Stufe bei einem Weg-Übenden erst das Bewusstsein dafür, welchen Nutzen eine meditative Technik oder speziell die Mantra-Meditation für seine Ambitionen mit sich bringt.

Während der Begriff »Bewusstsein« meist nur gebraucht wird, um auszudrücken, ob jemand gedanklich anwesend und handlungsfähig ist bzw. sich als Individuum erkennt, wird vergessen, dass Bewusstsein viele Facetten aufweist und in Abhängigkeit von der Funktionsweise bzw. konkreten Ausrichtung des Geistes bestimmt wird. Der Mensch hat das Geschenk des Bewusstseins erhalten, das ihm ermöglicht, all die guten Erfahrungen und Erlebnisse in seiner Erinnerung reproduzieren zu können und so u.a. die Freude zu vervielfachen, die ihm das Leben jeden Tag schenkt. Andererseits ist – zumindest bei ungenauer Formulierung – mit dem Bewusstsein die biologische Führung verloren gegangen. Die daraus (exakter: aus den das Bewusstsein bestimmenden Gedanken) entstehenden Ängste sind sozusagen der Preis dafür. Ein Schlüssel zu weiterer Entwicklung liegt darin, den Unterschied in den Aussagen »Ich bin Ich« (der Gedanke steht zwischen der Person und seiner unmittelbaren Existenz) und »Ich bin« (auch ohne dass mir ein Gedanke das vermittelt) nicht nur intellektuell zu begreifen, sondern zu erfahren.

Im Verlauf dieses Entwicklungsprozesses stellt sich das unerschütterliche Urvertrauen in das eigene Selbst, besser die Seele, mit seiner Anbindung an das Sein wieder ein. Je stärker dieses Vertrauen wird, desto leichter und schneller lassen sich die zu bearbeitenden Handlungsfelder betrachten. Am Ende dieses Weges steht eine Person, die es absolut vermag, in sich selbst zu ruhen, weil sie ihre Seele wieder schaut, indem sie den Geist transformiert und auf das Schwingungsniveau der Seele angehoben hat. Erst dann kann von echtem Selbstvertrauen gesprochen werden.

Um kurz auf den Aspekt des Kämpfens zurückzukommen: Nicht erst ab diesem Punkt erübrigt sich die Ausweitung der Kampfübungen auf reale Situationen. Folglich kann von vornherein darauf verzichtet werden, weil solche Übungen der eigenen Gesundheit und dem Leben widersprechen. Sie können als frühe Phasen auf dem Weg zu einem spirituellen Kontinuum angesehen werden, an die sich mehr oder weniger früh die zweite Stufe von Weg-Übung anschließt bzw. anschließen sollte.

Zusammenfassend lässt sich festhalten, dass der Übende auf der ersten Stufe lernt, auf Gedanken einzuwirken, die sich in sein Tagesbewusstsein drängen. Auf der zweiten Stufe wirkt er über ein Werkzeug darauf ein, die Gedanken an ihrer Wurzel zu packen bzw. in den Erinnerungen befindliche Gedankenmuster von ihrer emotionalen Triebkraft zu befreien. Aufbauend auf dieser zweistufigen Struktur einer Weg-Übung soll im folgenden Kapitel der Begriff »Meisterschaft« eingehender betrachtet werden.

8 Meisterschaft

Der Begriff des Meisters ruft bei verschiedenen Betrachtern sehr unterschiedliche Reaktionen hervor. Während die einen der Ansicht sind, dass das Gerede von Meisterschaft und Meistern nur eine neue Art der Abhängigkeit bedeutet und insgesamt eine Form der Spinnerei darstellt, verfallen die anderen bei der Anwesenheit eines sogenannten Meisters oder während der Unterhaltung über einen solchen in eine Unterwürfigkeit, durch die sie kurz davor stehen, keine Luft mehr zu bekommen. Dazwischen besteht eine Vielzahl unterschiedlichster Positionen, Meinungen und Mythen, wie sie sonst nur im Reich der Fabeln existieren. Dies alles ist dadurch bedingt, dass eher selten ein klärender, systematischer Blick auf diese Thematik geworfen wird – was nur folgerichtig ist; für die einen lohnt es sich nicht, sich mit diesem Humbug überhaupt auseinanderzusetzen, während es für die anderen ein unumstößliches Dogma bedeutet und es geradezu an Majestätsbeleidigung grenzt, dieses Thema und in dessen Folge die sich auf diese Weise bezeichnenden Personen analytisch wie nüchtern zu hinterfragen.

In diesem Kapitel ist aber nicht nur die Frage zu klären, wann von Meisterschaft gesprochen werden kann. Ähnlich wie sich Bereiche und Stufen einer Weg-Übung unterscheiden lassen, existieren verschiedene Grade von Meisterschaft, mit denen unterschiedliche Implikationen verbunden sind. Das Wissen darüber hilft dem Übenden zum einen, seinen Entwicklungsstand richtig einzuschätzen, und zum anderen keine falschen Erwartungen in andere Personen hineinzuprojizieren.

Um die vielfältigen Facetten des Begriffs »Meisterschaft« zu verdeutlichen, soll ein unverfänglicher Ausgangspunkt für die Betrachtung gewählt werden. Der folgende Spruch findet sich auf der Eingangstür zur Schnitzschule in Berchtesgaden:

Wer ist Meister – Der etwas ersann

Wer ist Geselle – Der etwas kann

Wer ist Lehrling – Das ist jedermann

Es gibt den Begriff des Meisters also auch im Handwerk und nicht nur in den asiatischen Weg-Künsten. Das erscheint auf den ersten Blick eine absolut banale Feststellung zu sein. Dennoch soll sie hier zunächst ein wenig genauer betrachtet werden, weil sie am Ende dazu beiträgt, präzise Unterscheidungen zu treffen.

Ein Meister im Sinne des Handwerks (**technische Meisterschaft** oder **Meisterschaft ersten Grades**) zeichnet sich entsprechend dem oben Zitierten gegenüber einem Gesellen dadurch aus, dass er nicht nur in der Lage ist, handwerklich tadellose Arbeit abzuliefern, sondern gerade auch die Fähigkeit besitzt, etwas zu ersinnen. Das bedeutet, dass er in der Lage ist, Lösungswege zu finden, durch die neuartige Problemstellungen handwerklich fehlerfrei gelöst werden können. Das entscheidende Abgrenzungskriterium liegt demzufolge in dem Potenzial, Instrumente und Prozesse, die für eine Problemlösung zur Verfügung stehen, neu und problembezogen kombinieren zu können, um so das Handlungsfeld um bisher nicht gekannte Möglichkeiten zu erweitern.

Der zweite wichtige Aspekt ist letztlich der abschließende Teil dieses Sprüchleins. Auch der Meister wie der Geselle sind als Teil der Grundgesamtheit »jedermann« Lehrlinge. Gerne wird im Laufe der eigenen Entwicklung dieser Teil vergessen. Eine Urkunde über das Erreichte führt nicht selten zu dem Missverständnis, kein Lehrling mehr zu sein. Es darf aber nicht vergessen und muss eher betont werden, dass der Mensch für die Dauer seines Lebens lernen wird und darf. Demzufolge sollte sich ein Geselle oder ein Meister Zeit seines Lebens als Lehrling begreifen, weil es nicht möglich ist, alle konkreten Ausprägungen des Lebendigen vollkommen analytisch zu durchdringen und damit antizipieren zu können. Zudem verlangen Einsichten als Grundlage immer auch die stete Umsetzung, um erneutes »Vergessen« zu verhindern.

Das bisher Festgestellte lässt sich unmittelbar auf eine Person übertragen, die das Kämpfen erlernen möchte. Der Anfänger ist weder in der Lage, die notwendigen Techniken richtig auszuführen, noch verfügt er über die Fähigkeiten, Techniken im Kampf effizient anzuwenden. Im weiteren Verlauf werden die Techniken verbessert und Reaktionsmuster trainiert, die es dem Kämpfer erlauben, in einem Kampf zu bestehen. Der Lehrling ist zum Gesellen geworden. Der entscheidende Schritt zum Meister liegt auch hier darin begründet, ob es dem Trainierenden gelingt, sich mit der Thematik des Kämpfens so weit auseinanderzusetzen, dass es ihm möglich ist, auf neue Situationen adäquat zu reagieren, indem er in der Lage ist, seine Fertigkeiten problemeffizient anzupassen.

Hat sich ein Karate-Praktizierender so intensiv mit der Thematik des Kämpfens beschäftigt, dass es ihm möglich geworden ist, kreativ mit den erlernten Grundprinzipien (Techniken und Handlungsmuster) umzugehen, kann mit Recht von einem Meister gesprochen werden. An dieser Stelle erfolgt dann in aller Regel bei der Betrachtung von Meisterschaft ein systematischer und damit bedeutsamer Fehler.

Der systematische Fehler liegt darin, einer Person, die eine technische Meisterschaft erreicht hat, automatisch eine Autorität und Kompetenz zuzuschreiben, die nicht existent ist. Erreicht ein Kämpfer unter Umständen den Grad eines technischen Meisters, sollte diesem angemessener Respekt gezollt werden. Aber er darf deswegen nicht in einer Weise übersteigert werden, die ihm nicht zusteht. Das muss der Meister einer Zunft, um das klassische Wort zu gebrauchen, für sich selbst beachten. In der gleichen Weise gilt das auch für die von ihm beim Training oder der Übung Beaufsichtigten; einerseits wenn sie sich über diesen gegenüber Dritten äußern, andererseits bezüglich ihrer eigenen Haltung gegenüber dem »Meister«. Der Karate-Handwerksmeister hat folglich eine enorme Verantwortung gegenüber den Schülern bzw. Trainierenden, sie darauf hinzuweisen, wo seine Grenzen liegen. Leider unterbleibt das nicht selten, wenn sich höher Graduierte durch die Bezeichnung »Meister« geschmeichelt fühlen. Aber nicht immer müssen Gründe hierfür im Bereich eigennütziger Motive liegen. Es kann auch einfach damit zusammenhängen, dass sich derjenige der Problematik nicht genügend bewusst ist.

Es wäre folglich wichtig, einen Menschen zu finden, der die notwendigen Kompetenzen besitzt, um die Lernenden in der von ihnen gewünschten Weise zu unterstützen. Das Graduierungssystem des Karate sollte dafür einen Anhaltspunkt bieten. Bei kritischer Betrachtung der Realitäten muss leider festgestellt werden, dass dieses System vollkommen unbrauchbar ist. Erstens verfestigen sich in der Regel vorhandene Eigenschaften durch die Etablierung einer Hierarchie unter den Übenden. Bescheidene Menschen bleiben bescheiden, großspurige Menschen werden in ihrer Großspurigkeit gestärkt, weil sichtbar ist, dass sie (vielleicht) technisch besser sind als niedriger Graduierte. (Bei aller diesbezüglichen Erfahrung sei darauf hingewiesen, dass Ausnahmen immer die Regel bestätigen.)

Zweitens wird mit der Vergabe des Schwarzgurts immer wieder Meisterschaft verbunden, obwohl der überwiegenden Mehrzahl der Träger die Fähigkeit fehlt, eigenständig problemeffizient in unterschiedlichen Situationen zu handeln. Die Mehrheit der Dan-Träger ist aber aus unterschiedlichen Gründen (wie Zeitmangel oder Zielsetzung, etc.) nur in der Lage, Gelerntes anzuwenden. Damit fehlt aber bereits die Kompetenz für Meisterschaft im handwerklichen Sinne.

Drittens wird bei höheren Dan-Graden heute sehr häufig angenommen, dass sich neben einer handwerklichen Meisterschaft ein höherer Grad der Meisterschaft eingestellt hat. Es ist allerdings nicht einzusehen, wie beispielsweise bei rein übungsspezifischer Weg-Übung ein Mensch einzig durch das Fortschreiten der Zeit diesen Zustand erreicht haben sollte (es sei denn durch die Überwindung eines absolut traumatisierenden Ereignisses). Es wird damit überhaupt nicht infrage gestellt, dass diese Personen profundeste Kenntnisse bezüglich Karate haben (können) und die Zahl der Handwerksmeister unter ihnen zunimmt. Dennoch zeigt die Erfahrung teilweise eindrücklich, dass damit nicht automatisch eine entsprechend weitergehende Kompetenz einhergeht.

Die letzten Absätze führen bei dem einen oder anderen Leser vielleicht zu Ablehnung, weil sie Mythen offen legen. Doch hätte das Buch keinen Sinn ergeben, wenn es nicht auch die Ursache aufzeigen würde, warum häufig sehr ernsthafte Bemühungen von keinem Erfolg gekrönt werden – und das liegt eben auch an mangelhafter Führung. Dabei darf eines nicht vergessen werden. Es geht nicht darum, Karate oder Karateka schlechtzureden. (Das gilt für andere Angebote in dem Bereich in gleicher Weise.) Dem langjährig Trainierenden, der mit Fleiß Fortschritte gemacht hat und einen Schwarzgurt tragen darf, ist mit Respekt zu begegnen. Langjährig praktizierende Dan-Träger, die sich für Karate in ihrer Freizeit eingesetzt haben und es anderen ermöglichen, diese abwechslungsreiche Bewegungskunst in welcher Form auch immer zu betreiben, gebührt Anerkennung. Es muss hier lediglich darauf hingewiesen werden, dass sich damit nicht automatisch Meisterschaft verbindet und das, wenn man es analytisch exakt betrachtet, nicht einmal in ihrer handwerklichen Form. Darin liegt nichts Tragisches, es ist und schmälert die Leistung desjenigen in keiner Weise.

Eine wesentliche Ursache für eine solche Fehlzuschreibung liegt darin, dass Karate in der heutigen Zeit immer auch mit Zen in Verbindung gebracht wird. Mit Zen wiederum wird eine Art der Meisterschaft assoziiert, die durch bestimmte Erfahrungen entstehen kann, die dazu führen, dass der Betreffende sein Bewusstsein in einer Weise erweitert, die ihm erlaubt, sich auf einer anderen Handlungsebene zu bewegen. Damit geht die Kompetenz einher, in jeder Situation des Alltags das adäquate Verhalten zu erkennen und dieses auch selbst zu leben. Doch ist zunächst kritisch zu hinterfragen, ob dieses Ziel überhaupt alleine durch die im Allgemeinen geübte Laienform erreicht werden kann. Auch in dieser Hinsicht besteht ein großes Bewunderungspotenzial, das sich alleine daraus ergibt, dass die wenigsten sich zunächst vorstellen können, länger still zu sitzen – und das auch noch sehr früh am Morgen. Zudem führen häufig verwendete Termini wie »Satori«, »Selbst« oder »Ego« zu einem ungenauen Verständnis der Inhalte.

Daher soll zunächst die Perspektive auf Meisterschaft eingenommen werden, in der das Ego eine gedankliche Krücke darstellt. In dieses Ego werden alle ethisch unwillkommenen Eigenschaften einer Person projiziert. Dem steht in dieser Terminologie das Selbst als Teil des Seins an sich gegenüber, an dem auch der Mensch teilhat. Es wird unterstellt, dass die Handlungen des Selbst mit dem Sein im Einklang stehen sowie positive Wirkungen für die eigene Person und auch die Umwelt entfalten. Diese Abgrenzung mag zunächst fragwürdig erscheinen. Doch es gibt hierfür eine plausible Begründung, die leicht verstandesmäßig erfasst werden kann, aber letztlich aus Erfahrungen auf subtilerer Ebene unmittelbar resultiert.

Beide Begriffe sind eng verbunden mit dem Erfahren des Unterschieds in der Formulierung »Ich bin Ich« und »Ich bin«, der zu einer grundlegenden Veränderung führt. Solange sich ein Mensch über das bewusste »Ich« definiert, muss dieses »Ich« im alltäglichen Leben verteidigt werden. Der Sitznachbar hat die bessere Note, der andere hat das schnellere Auto, der nächste hat die hübschere Frau, verdient mehr Geld, beleidigt meine Ehre, usw. Dieser Mensch steckt in einem permanenten Vergleich, um seinen Wert zu taxieren. Nun gibt es leider immer Menschen, die mehr Geld haben, die klüger sind oder das schnellere Auto fahren. Selbst wenn es sich um den reichsten Menschen handelte, ist der nächste vielleicht größer, intelligenter oder hat gerade das Anwesen, das jener gerne hätte. Nichts ist nun leichter, als sich gegenüber Menschen abzugrenzen und besser zu fühlen, die ihrerseits weniger Geld als man selbst haben, das ältere Auto fahren oder weniger Bildung genießen durften. Wer in dieser Vergleichsmatrix gefangen ist, wird Verhaltensweisen an den Tag legen, die darauf abzielen, sich zu behaupten. Eine Verkäuferin wird wie Gesindel behandelt, weil man selbst ja etwas Besseres ist, der Kleinwagen auf der Autobahn wird als lästiges Hindernis betrachtet, weil man selbst das größere Auto fährt, folglich mehr Geld hat und ergo viel, viel wichtiger ist.

Das Paradoxe und Gefährliche liegt darin, dass auch ein Weg-Suchender, der ein wenig mehr Wissen erlangt hat als andere, immer dazu neigt, sich in einem ersten Impuls über andere zu erheben, nachdem er etwas gefunden hat, womit sein »Ich« nun endlich glaubt, der bessere Mensch zu sein.

Ein Mensch hingegen, der sich davon löst, sich über sein bewusstes »Ich« zu definieren, ist nicht mehr darauf angewiesen, sich für das eigene Wohlbefinden einem Vergleich mit anderen Menschen oder Standards auszusetzen. Fragen nach dem eigenen Wert sind nicht mehr von dem abhängig, was andere über einen sagen, so dass dieses »Ich« nicht mehr vor Verletzung geschützt werden muss. Destruktive und sehr viel Energie kostende Verhaltensweisen können unterbleiben sowie einer Offenheit weichen, die positive Verbindungen und Ergebnisse schaffen kann.

Den meisten Menschen fällt es sehr leicht, einem anderen zu sagen, dass er ein Idiot ist. Damit haben sie zum Ausdruck gebracht, sich für etwas Besseres zu halten, so dass die Reaktion des anderen das eigene Wertgefühl nicht mehr tangieren kann. Immens ist hingegen die Angst, etwas Nettes zu jemandem zu sagen, den man nicht kennt, weil dieser Ausdruck der Sympathie nicht erwidert werden könnte. Eine freundliche Grußformel kann also zum einen unterbleiben, weil sich eine Person für etwas Besseres hält, zum andern aber auch aus Angst vor Ablehnung.

Handelt ein Mensch hingegen aus der tiefen Ruhe des Seins, sind alle diese Fragen bedeutungslos, weil damit ein unerschütterliches Selbst(Seelen)vertrauen einhergeht. Die Höflichkeit würde ohne einen Gedanken geschehen, was wäre wenn ... Erst an diesem Punkt kann überhaupt von Selbstvertrauen im eigentlichen Sinn gesprochen werden.

Ein Einwand könnte an dieser Stelle lauten, dass hier Bewertungen vollzogen werden, die wiederum kognitive Gedankenarbeit voraussetzen, während es doch in dem weiter oben erwähnten Etappenziel darum ging, die eigenen Handlungen nicht durch Gedanken zu behindern. Schließlich führt erst die Bewertung dazu, die Tat eines Auftragskillers als destruktiv und moralisch geächtet abzulehnen, während das Tierreich zeigt, dass das Töten zum eigenen

Überleben dazugehört. Dies ist jedoch nur vordergründig betrachtet richtig.

Ein Tier tötet, um sich zu verteidigen, sich zu ernähren oder den Erhalt seiner Gene zu sichern. Dieses Verhalten ist dem Lebendigen inhärent. Der wesentliche Unterschied liegt darin, dass dem Menschen sein Bewusstsein gegeben ist. Auf der einen Seite ist der Mensch aufgrund eines nicht angehobenen Bewusstseins auch aus anderen Motiven in der Lage, zu töten. Dem Auftragskiller geht es meist um Geld. Gründe gäbe es zahlreiche und das Verheerende daran ist, dass der Mensch über seinen Intellekt im Stande ist, Zerstörung in unüberschaubarem Ausmaß anzurichten. Auf der anderen Seite ist es ihm möglich, seine Handlungen zu reflektieren. Ein Tier kann seine Handlungsoption nicht wählen, der Auftragskiller könnte das hingegen schon. Der Mensch kann sich bewusst dafür entscheiden, einen anderen Weg zu wählen, einen Weg, der immer weniger destruktiv und stetig lebensbejahender sowie verbindender gestaltet wird.

Ob ein Kunde morgens zum Bäcker geht, beim Eintreten grüßt und höflich bleibt, kann dieser vor dem Betreten der Bäckerei entscheiden. Ob der Streit in der Bar weiter eskaliert und zu einer Schlägerei ausartet, kann verhindert werden, wenn das eigene Ego, das sich gerade gezwungen fühlt, sich behaupten zu müssen, ein wenig zurückgenommen wird. Der Mensch hat folglich zu jeder Zeit die Möglichkeit, seine Handlungen zu reflektieren und sich zwischen den realisierbaren zu entscheiden.

Grundlage für die Wahl einer Handlungsoption sind die eigenen Gedanken. Das Kapitel über die Struktur einer Weg-Übung hat klar aufgezeigt, welche Kriterien erfüllt sein müssen, um Meisterschaft erreichen zu können, die über einen technischen Grad hinausgeht. Ein **zweiter Grad** setzt demzufolge voraus, dass es dem Übenden gelingt, seinen Gedanken nicht mehr folgen zu müssen. Hierfür ist es notwendig, die Übungen auf den Alltag auszudehnen und – damit Meisterschaft überhaupt erreicht werden kann – jegliche Situation als Gegenstand zur Übung heranzuziehen. Dieser Grad von Meisterschaft stellt sich ein, sobald ein Übender in jeder Situation in der Lage ist, nicht gemäß Gedanken zu handeln, die dem menschlichen Anspruch an selbstloser Liebe und Mitgefühl widersprechen. Das mag zwar nicht so schwierig klingen, ist jedoch eine sehr viel größere Herausforderung, als eine oberflächliche Betrachtung vielleicht ergeben mag. Das liegt auch daran, dass gerne Handlungen unberücksichtigt bleiben, die sich nicht offensichtlich als schädlich für andere erweisen. Dennoch handelt derjenige nicht meisterlich, der seine Gürtelfarbe dazu missbraucht, Frauen »aufzureißen«. Derjenige hohe Dan-Träger, der in der Damendusche erscheint, um sich zu erkundigen, wie das Training gefallen hat, begeht absichtlich eine Grenzverletzung. Aber auch der Griff zur Zigarette nach dem Training oder ein überhöhter Alkoholkonsum zeigen an, dass der Betreffende nicht über das Vermögen verfügt, sich gegen Gedanken zu behaupten, die im Widerspruch zu den Impulsen der eigenen Seele stehen. Auch wenn in den beiden letzten Fällen meist kein Dritter betroffen ist, offenbart sich ein Mangel an gesunder Eigenliebe in dem fehlenden Respekt dem eigenen Körper gegenüber.

Dieser zweite Grad von Meisterschaft ist demnach immer noch dadurch gekennzeichnet, dass Bewertungen vorgenommen werden müssen, um manchen Gedanken ihren handlungsleitenden Charakter zu nehmen. Gedanken, die zunächst den optimalen Handlungsabläufen einer Aktivität entgegenstehen können, werden noch benötigt, um die eigenen Handlungen und Ziele zu reflektieren. So eingesetzt, können sie einerseits zu großem Leid beispielsweise durch Inquisition oder Krieg führen. Andererseits kann der Mensch sie gezielt dazu heranziehen, eigenes Verhalten zu verändern. Die Fähigkeit, seine Gedanken zu bestimmen, sie zu suchen oder sie zu lassen und nicht Opfer der eigenen Gedanken zu sein, kann zunächst einmal über Konzentration erreicht werden.

Das ändert sich erst bei weiterem Fortschritt. Analog zur zweiten Stufe einer Weg-Übung ist schließlich der **dritte Grad** von Meisterschaft damit verbunden, dass keine Gedanken mehr im Tagesbewusstsein erscheinen, die der Seele widersprechen, d.h., die nicht von selbstloser Liebe und Mitgefühl getragen sind. Um bis hierher zu kommen, muss jede Übung in eine nicht bewegte Übung in Form der Meditation einmünden. Neben den bisherigen Übungen und/oder stillen (betrachtenden) Meditationen, die bereits die Tiefe der Erfahrungen verstärken, stellt die Mantra-Meditation spätestens auf dieser Stufe das zentrale Werkzeug dar. Um diesen Grad in Vollendung zu erreichen, bedarf es umfangreicher Anstrengungen. Entsprechend finden sich nur wenige Menschen in einer Epoche, die diese Form der Meisterschaft erfahren, die als »vollendete Meisterschaft« bezeichnet werden kann.

Sobald der Übende über den zweiten Grad hinauswächst, beginnt der Betreffende in immer mehr Situationen seinen Mitmenschen in selbstloser Liebe und Mitgefühl zu begegnen. Diese Qualitäten menschlichen Seins bedürfen zunehmend weniger der Reflexion, weil der sich stetig verstärkende Kontakt zur eigenen Seele die notwendige Intuition ermöglicht, um das Angemessene unmittelbar zu erkennen. Die Phase des inneren Disputs neigt sich mit zunehmend weniger Ausnahmen dem Ende, um einer vertrauensvollen Klarheit zu weichen.

Um an dieser Stelle anschaulich zu verdeutlichen, dass nicht jede Form der Übung zu Meisterschaft führt, soll auf die erste »Star Wars«-Filmtrilogie Bezug genommen werden. Dort führt die Vervollkommnung von Fertigkeiten sowie Fähigkeiten im Wege einer gerichteten Übung zum Heranreifen eines Jedi-Ritters, der aufgrund dieses Entwicklungsprozesses seine Verbindung zur »Macht« immer mehr ausweitet. Es ist allerdings keineswegs gesichert, dass sich der werdende Jedi-Ritter im Laufe seiner Ausbildung für die »gute« Seite entscheidet oder doch der »dunklen« Seite der Macht verfällt. Dieses Bild beschreibt sehr treffend die Situation, die in den Weg-Künsten gleichsam gegeben ist, auch wenn es nicht darum geht, mit einem Laser-Schwert zu hantieren. Es ist aber wichtig, sich dieser Gefahr bewusst zu sein. Insbesondere das Etappenziel, den Geist in einer Weise zu beruhigen, dass die Gedankentätigkeit die eigenen Handlungen nicht mehr behindert, kann dazu verleiten, daraus resultierende Potenziale missbräuchlich zu nutzen. Genau das ist geschehen, sobald ein Auftragskiller seinen Auftrag mit absoluter Präzision umsetzt, ohne dabei verwertbare Spuren zu hinterlassen. Er ist wahrlich ein Meister seines Handwerks, doch mit Meisterschaft in einem spirituellen Sinn hat das nichts zu tun.

Das zeigt nochmals deutlich auf – auch im Hinblick auf Karate oder andere Kampfkünste –, dass eine Übung zur Verbesserung der eigenen kämpferischen Fertigkeiten nicht automatisch zu Meisterschaft führt. Aus zahlreichen Gesprächen kann immer wieder entnommen werden, wie häufig und stark Anfänger, aber auch Fortgeschrittene des Karate von der Zweikampfstärke anderer fasziniert sind, die diese teilweise auch in ihrem Privatleben einsetzen. Diese Bewunderung zeigt einzig das Bedürfnis nach Stärke und Macht an, weil die eigene Person als schwach und hilflos wahrgenommen wird. Solange sich die innere Haltung an diesem Punkt nicht ändert, kann Weg-Übung nicht stattfinden und ein höherer Grad von Meisterschaft unmöglich erreicht werden, weil für beides Gewalt und Töten keine Handlungsoptionen darstellen (dürfen).

Es ist jedoch keineswegs so, dass die Entwicklung hin zu diesen drei Graden streng aufeinander bezogen ist. In Abhängigkeit von der eigenen Vita erfährt jeder an einem anderen Punkt erste Hinweise auf das, was noch kommen könnte. Das Aufblitzen weitergehender Erfahrungen weckt schließlich bei manchen das Bedürfnis, den Prozess der Weg-Übung auf den kompletten Alltag auszudehnen und sich ggfs. einer tiefergehenden Meditationspraxis zu widmen. Auch wenn diese Art Erfahrungen nur kurzzeitig sind, schaffen sie ein Bewusstsein für die Verbindung zu dem allem Dasein zugrunde liegenden Sein. Ab diesem Zeitpunkt wird die Übung nur noch daran ausgerichtet, die eigenen Handlungen an den Maßstäben dieses Seins zu messen, die jeder Mensch – wie in Kapitel »Seele, Geist und Psyche« dargelegt – in sich trägt.

Unabhängig davon, ob eine Person gläubig ist, lautet eine christliche Forderung: »Liebe Deinen Nächsten wie Dein (Dich) Selbst.« Dieser Aufforderung kann allerdings nur Folge leisten, wer sein eigenes Selbst, seinen Seinskern, spürt. Der Nächste muss dabei letztlich auch kein Mensch sein. Ein Hund oder eine Blume können einem in einem bestimmten Moment auch am nächsten stehen. Aus dieser Liebe heraus erwächst Mitgefühl für das, was um einen herum geschieht. Gleichzeitig ist diese (selbstlose) Liebe verbunden mit einer Freude am Lebendigen, die letztlich wieder zu einer erhöhten Achtsamkeit führt. Entsprechend werden die Handlungen eines Weg-Übenden immer mehr an diesen vier Aspekten der Liebe, der Freude, des Mitgefühls und der Achtsamkeit ausgerichtet. Die Dankbarkeit für diese Erfahrungen und Veränderungen erzeugen gleichzeitig ein gesundes Maß an Demut. Echte Demut wiederum ist der Garant dafür, sich nicht über andere

Menschen zu erheben, weil man nicht der Illusion erliegt, sich erstens für etwas Besseres zu halten und zweitens jedermann belehren zu sollen.

Dass in diesem Kapitel wie bereits in der Vorauflage die Begriffe »Selbst« (»Ich bin«) und »Ego« (»Ich bin Ich«) verwendet wurden, hat zwei Gründe. Erstens sind diese nicht falsch. Zweitens führen die verschiedenen Erklärungskonzepte aufgrund ihrer uneinheitlichen Terminologie nicht selten zu Verwirrungen. Daher besitzt ein direkter Vergleich mit den Inhalten aus dem Kapitel »Seele, Geist und Psyche« einen hohen Erklärungswert. Das Selbst entspricht der Seele, während das Ego als derjenige Teil des Menschen verstanden werden kann, der sich durch Gedanken, Gefühle, Wünsche und Handlungen ausdrückt, die den Impulsen der Seele widersprechen. Diese stellen sich ein, solange der Geist nicht auf der Ebene der Seele schwingt. Damit kommen beide Erklärungsmodelle zu demselben Ergebnis, jedoch mit dem Unterschied, dass der Seele-Geist-Ansatz mit einem deutlich stärkeren praktischen Bezug aufwartet. Er zeigt ohne weitere Überlegungen auf, warum und wie das Ziel, seine Seele (Selbst) über die Transformation des Geistes (Aufgabe des Egos) zu schauen, erreicht wird. Damit erläutert es gleichzeitig sehr handlungsorientiert das Konzept von Selbst und Ego.

Dieses Kapitel ist zugegebenermaßen selbst nach der Überarbeitung sehr abstrakt, kann aber rein intellektuell leicht erfasst werden. Es sei aber nochmals darauf hingewiesen, dass sich der Wert dieser Zeilen nur demjenigen

voll entfaltet, der entsprechende Erfahrungen bereits gemacht hat. Es ist aber keinesfalls schlimm, über diese Erfahrungen noch nicht zu verfügen. Sollten sie auftreten,
wird die Erinnerung an das Gelesene helfen, sie richtig
einzuordnen.

Nachdem die unterschiedlichen Grade von Meisterschaft
nachvollziehbar dargelegt wurden, fügt sich für nicht wenige nahtlos die Frage an, in welchem Verhältnis Erleuchtung zu diesen Graden steht. Deshalb soll sich im folgenden Kapitel etwas ausführlicher mit diesem Phänomen
auseinandergesetzt werden.

9 Erleuchtung

Bei einigen Weg-Übenden besteht ein größeres Interesse an dem, was Erleuchtung sein könnte. Inwieweit das gerechtfertigt ist, soll in diesem Kapitel geklärt werden.

Vermutlich war jeder im Sprachgebrauch seiner Mitmenschen bereits einmal erleuchtet. Es handelt sich um Situationen, die zu der Bemerkung führen: Ihm ist ein Licht aufgegangen bzw. er hatte eine Erleuchtung. Auf den ersten Blick könnte man versucht sein, diese Kommentare als bloße Floskeln zu betrachten. Vor allem weil dergleichen Aussagen meist in einer eher (selbst)ironischen Weise verwendet werden. Damit sind sie Ausdruck einer gewollten Übertreibung. Doch ganz so banal sind die Zusammenhänge nicht, sobald man sich fragt, was genau bei einem sogenannten »Geistesblitz« geschieht. Ein Beispiel soll das verdeutlichen. Ein Schüler sitzt bei den Hausaufgaben und kann selbst nach Längerem die Lösung für eine Aufgabe nicht finden. Er zermartert sich sprichwörtlich das Hirn, aber das richtige Ergebnis will sich nicht einstellen. Am nächsten Morgen, während er fröhlich pfeifend zur Schule geht, hat er plötzlich die Lösung im Kopf. Worin liegt der wesentliche Unterschied zu der Herangehensweise am Vortag? Das intensivere Nachdenken hat zu immer größerer Spannung in seinem Nervensystem geführt. Aber genauso wenig wie ein verkrampfter Muskel geschmeidig bewegt werden kann, führt eine Verspannung der Nerven zu einem überzeugenden Resultat. Das liegt daran, dass sich mit zunehmender Spannung im Nervensystem das sogenannte »dritte Auge« zwischen den Augenbrauen zusehends schließt. Das wiederum führt zum Verlust jeglicher Intuition, die benötigt wird, um alternative Lösungsprozesse zu entwickeln bzw. Zugang zu Wissen zu finden, das bereits im »Gedächtnis« angelegt ist. Als der Schüler schließlich entspannt auf dem Weg zur Schule ist, ermöglicht die Intuition die Lösung der Aufgabe.

Ein offenes »drittes Auge« lässt den Blick auf die Seele (das Selbst) zu, der ein Verstehen von Zusammenhängen ermöglicht, das im Allgemeinen als Intuition bezeichnet wird. Damit sind bestimmte Formen von Geistesblitzen Ausdruck von (wenn auch nur kurzzeitiger) Verbundenheit. Wenn man so will, hat ein Mensch in diesem Moment an seinen Möglichkeiten geschnuppert, die eine personale Entwicklung nach sich ziehen würde. Gemeinhin wird das übersehen und damit nicht als Anlass für entsprechende Übungen genommen. Das ändert aber nichts daran, dass die Situation von Verbundenheit getragen ist, der Geist sich folglich vorübergehend auf dem Schwingungsniveau der Seele befindet. Führen derartige Augenblicke, denen der Mensch immer wieder im Alltag begegnet, zu einem Verständnis oder Empfinden von Verbundenheit, kann tatsächlich von Erleuchtung auf einer verstehenden Ebene gesprochen werden.

Es ließen sich viele Begriffe denken, die diesen Sachverhalt hinreichend präzise beschreiben. Demnach ist es kein Zufall, dass gerade von Erleuchtung gesprochen wird. Es bedarf jedoch eines kleinen Umwegs, um das zu begreifen. Die Ebene der Verbundenheit wird erreicht, sobald der Geist und damit das Bewusstsein auf das Schwingungsniveau der Seele angehoben wurde. Das Ausbleiben von Gedanken, die den Impulsen der Seele widersprechen, führt zu einer Entspannung im Nervensystem. Diese Entspannung ist viel weitergehender als sich das ein Weg-Übender ohne die entsprechenden Erfahrungen vorstellen kann. Oben wurde bereits gezeigt, dass mit der Entspannung des Nervensystems der Zugang zur Seele und damit einhergehend zu Wissen (und Phänomenen) erfolgt, das nur intuitiv abgerufen bzw. frei von Gedanken erfasst werden kann. Erreicht die Verbundenheit einen bestimmten Grad *und* ist das Bewusstsein entsprechend ausgerichtet, stellt sich die Wahrnehmung eines extrem hellen, nicht grellen Lichts ein. Das kann in Abgrenzung zu einer Verwendung des Begriffs auf der verstehenden Ebene als Erleuchtung auf der subtilen Ebene bezeichnet werden.

Die Erfahrung dieses Phänomens oder Zustandes wird von vielen aus verschiedenen Gründen mit zu viel Aufmerksamkeit bedacht. Zunächst einmal ist es etwas Außergewöhnliches, wodurch es eine gewisse Attraktivität besitzt. Wenn die Möglichkeit zu dieser Erfahrung von der Mehrheit (im Westen) geleugnet und dem Reich der Mythen zugeordnet wird, liegt das nur daran, dass sie nicht annähernd entspannt ist. Aber das nur am Rande. Außerdem geht damit nicht selten die Vorstellung einher, es würde sich um den finalen Bestandteil auf dem eigenen Weg handeln. Das ist aber keineswegs der Fall. Erstens kommt es vor allem darauf an, den eigenen Geist zu transformieren. Das ist der entscheidende Faktor einer Weg-Übung, um die Rückschau auf die Seele zu vollziehen respektive den Kontakt zum Selbst wieder herzustellen. Solange die Bemühungen nur dazu dienen sollen, Erleuchtung zu erlangen, wird der Fortschritt auf dem eigenen Weg begrenzt bleiben. Zweitens liegt dieser Vorstellung ein Irrtum zugrunde, der aus der Darstellung von Lebensläufen heiliger Menschen resultiert. Es wird gerne unterstellt, dass die ihr Leben in dieser Weise geführt haben, weil sie erleuchtet waren. Dabei wird übersehen, dass auch diese Menschen jeden Tag neu entscheiden mussten, sich in der einen oder anderen Weise sich selbst und den Mitmenschen gegenüber zu verhalten. Der Alltag verursacht immer wieder neue Eindrücke, die im Nervensystem gespeichert werden. Diese Eindrücke müssen stets gelöscht werden, wenn sich die dadurch bedingte Prägung nicht verfestigen soll. Insofern gelten naturgemäß für alle Menschen die Gesetzmäßigkeiten, die durch die Physis vorgegeben sind.

Das lässt sich ganz einfach im Verlaufe eines Lebens beobachten. Ein Kleinkind ist im Normalfall noch völlig entspannt, abzulesen am Tonus der Muskulatur. Regelmäßig staunen Eltern, wenn sie sehen, wie das Kind sich mühelos in einen Spagat setzt, während sie selbst die Beine kaum noch grätschen können. Das liegt jedoch nicht nur daran, dass die Eltern sich zu wenig gedehnt hätten. Genau betrachtet hat das Kleinkind das ebenfalls nicht getan. Es liegt vielmehr an dem Umstand, dass bis dahin (hoffent-lich) nur wenige negative Eindrücke auf sein Nervensys-tem eingewirkt haben, die zu dysfunktionalen Zuständen hätten führen können.

Es lässt sich daher insgesamt festhalten, dass Erleuchtung erstens lediglich ein Begleitphänomen darstellt. Der ent-scheidende Faktor liegt in der Transformation des Geistes mit der damit einhergehenden Entspannung. Die notwen-dige Entspannung kann nicht durch eine primär körperbe-zogene Übung – und damit auch nicht durch Karate oder Kampfkünste allgemein – erreicht werden. Zweitens lässt sich der Begriff sowohl auf einer verstehenden als auch auf einer subtilen Ebene verwenden, wobei der Ursprung auf der subtilen Ebene liegt. Dennoch sind die Erfahrun-gen mit verstehendem Charakter viel häufiger und gerade auch unter den Aspekten des Fortschreitens sowie der Motivation bedeutsamer.

Um die Motivation nicht zu verlieren, ist es hilfreich, sich die Prozessphasen, die bei einer Weg-Übung zur Ent-wicklung führen, zu verdeutlichen. Diese werden nun im folgenden Kapitel behandelt.

10 Phasen der Entwicklungsprozesse

Eine Weg-Übung lässt sich in eine Vielzahl von Prozessen aufspalten, die teilweise gleichzeitig stattfinden und im Zeitablauf durch andere ersetzt werden oder auch später wieder zur Bearbeitung herangezogen werden müssen. Das Tückische liegt darin begründet, dass das Ergebnis eines erfolgreich abgeschlossenen Prozesses bei mangelnder Verwendung in Vergessenheit gerät und in der erreichten Ausprägung wieder Rückschritte stattfinden. Dies gilt bedauerlicherweise sowohl im physischen wie im psychischen Bereich. Es ist daher unumgänglich, Weg-Übungen unabhängig davon beizubehalten, welcher Grad von Meisterschaft sich durch die Übung eingestellt hat bzw. angestrebt wurde. Das Erreichen dieses Zieles darf nicht als endgültig feststehende Tatsache missverstanden werden. Es verhält sich eher wie bei einem Hausbau. Selbst wenn das Ziel erreicht ist und das Haus materiell erschaffen wurde, bedarf es Maßnahmen zur Erhaltung, damit es nicht im Laufe der Zeit verfällt und am Ende abgerissen wird. In diesem Sinne muss auch jegliche Form von Meisterschaft als ein fluider Zustand erhalten und gepflegt werden. Glücklicherweise werden diese Übungen ab einem gewissen Grad der Erfahrung nicht mehr als anstrengend empfunden – im Gegensatz zu den notwendigen Erneuerungen an einem Haus vielleicht. Wie bereits oben kurz erwähnt, erzeugt die Wahrnehmung des Selbst, der Seele, des überdauernden Seinskerns eine Art Sog, der die eigenen Bemühungen immer stärker, leichter und umfassender ablaufen lässt, bis diese in keiner Weise mehr infrage gestellt werden und vielleicht schon von der Leichtigkeit des Seins gesprochen werden kann.

Jeder dieser Prozesse, die im Laufe einer Weg-Übung stattfinden, gliedert sich in drei Phasen. Die erste Phase ist durch Bewusstheit gekennzeichnet. Die Bewusstheit ermöglicht Erkennen, das im Wege der Reflexion in der zweiten Phase Verstehen zur Folge hat, so dass es in der dritten Phase zur Veränderung kommen kann. Die Zusammenhänge lassen sich zunächst für die beiden ersten Meistergrade wie folgt beschreiben.

Phase der Bewusstheit

Voraussetzung jeder Form von Übung ist Bewusstheit und das damit einhergehende Erkennen. Das mag auf den ersten Blick so banal klingen, dass die Frage berechtigt erscheint, warum das an dieser Stelle überhaupt als eine eigene Phase betont wird. Doch es darf versichert werden, dass für viele Übende bereits hier das Problem liegt. Beim Karate ist es beispielsweise notwendig, beim Vorgehen die Ferse des hinteren Beines am Boden zu lassen, um von dort heraus den Druck entwickeln zu können. Sehr häufig bemerken die Trainierenden zunächst nicht einmal, dass ihre Ferse nach der Hälfte des Schrittes den Kontakt zum Boden verloren hat und schauen den Übungsleiter eher ungläubig an, sobald dieser sie darauf hinweist. Anspruchsvoller wird es, Bewusstheit zu erlangen, wenn es darum geht, in einem Zweikampf locker zu bleiben und nur mit begrenzter Geschwindigkeit zu arbeiten. Sehr viele Trainierende steigern sukzessive das Tempo, nachdem der andere einen Treffer erzielt hat oder sie selbst nicht »gut« genug abschneiden. Unbewusst setzt sich durch, dass das Ego nicht verlieren will. Noch anspruchsvoller wird Bewusstheit und Erkennen, wenn in einer Situation ungerechtfertigt gehandelt wird. Ein Bahnreisender stellt fest, dass sein Zug wieder einmal größere Verspätung hat. Der Schaffner wird nun unfreundlich behandelt, nachdem er leider mitteilen musste, dass der Anschlusszug nicht erreicht wird. Dabei wird gerne übersehen, dass der Schaffner für die Verspätung nicht verantwortlich ist und insofern auch nicht Ziel der Verärgerung werden sollte. Viele Menschen registrieren allerdings nicht einmal, dass sie ihren Ärger dem Falschen spürbar entgegenbringen. So trivial die Phase der Bewusstheit erscheint, umso schwieriger ist es häufig für beginnende Übende die eigene Wahrnehmung in einer Weise zu verfeinern, durch die Fehler oder einfach Dinge, die passieren, bemerkt werden.

Phase des Verstehens

Bewegungsmuster und Verhaltensweisen, die wahrgenommen werden, müssen sich vergegenwärtigt und mit dem optimalen Bewegungsmuster oder der adäquateren Verhaltensweise verglichen werden. Über die bewusste Auseinandersetzung im Wege der Reflexion mit der Thematik müssen Möglichkeiten gefunden werden, die es erlauben, das eigene Bewegungsmuster oder die eigene Verhaltensweise dem Optimum anzupassen. Auch das klingt einfacher, als es sich für die meisten Menschen darstellt, weil sich erst einmal eingestanden werden muss, dass das eigene Tun eben nicht dem Optimum entspricht. Selbst sachlich vorgetragene Kritik wird von einer nicht unerheblichen Anzahl von Menschen abgelehnt, weil Kritik ihnen ihr Abweichen von einer vielleicht als wünschenswert angesehenen Verhaltensweise ins Bewusstsein rückt. Die Ausreden sind überaus zahlreich, warum gerade im konkreten Fall die Kritik nicht berechtigt ist. Grundsätzlich wird diese Ablehnung, wenn der Kritisierte die Kritik von vornherein als anmaßend von sich weist.

Für die oben beschriebenen Situationen bedeutet das, dass sich der Karate-Übende darüber bewusst geworden ist, seine Ferse vom Boden abzuheben, und er sich überlegt hat, woran das liegt bzw. wie er seinen Bewegungsablauf verändern muss, um das Ziel zu erreichen. Ein erfahrener Übungsleiter vereinfacht selbstverständlich diesen Prozess. Die Betonung liegt allerdings auf »erfahren«, weil es nicht sehr zielführend ist, wenn einzig die Fehlermeldung erfolgt, aber der Übungsleiter nicht in der Lage ist, zu verstehen und damit zu erklären, wo das Problem liegt. Hat sich die Wahrnehmung nach intensiver Übung im einfachen technischen Bereich verbessert, wird es auch in der geschilderten Zweikampfsituation nicht mehr so schwierig sein, das unbewusste Steigern von Tempo und Krafteinsatz zu registrieren und zu reflektieren. Gleiches gilt für die Situation im Zug. Wobei hier die Reflexion für die meisten Menschen mit größeren Schwierigkeiten verbunden ist. Nicht selten finden sich in einer derartigen Situation Argumente, die die eigene Verärgerung über die Verspätung als angemessene Reaktion begründen. Die angemessene Reaktion ist in dieser Situation über die Reflexion auf zwei Ebenen ableitbar. Auf der ersten Reflexionsebene kann sich vergegenwärtigt werden, dass der Schaffner für die Verspätung nicht verantwortlich und vielleicht sogar nach bestem Können bemüht ist, dem Reisenden Alternativen zu eröffnen. Bereits aus diesem Aspekt heraus verbietet sich ein unhöflicher Angang. Auf der zweiten Ebene kann die eigene Verärgerung auf den Prüfstand gestellt werden, um die Ursache für das Entstehen dieses Zorns zu verstehen und mehr oder weniger tiefgehend zu beheben.

Die Fähigkeit zur Selbstkritik ist daher unabdingbare Voraussetzung dafür, sich das eigene Tun mittels Reflexion dauerhaft bewusst zu machen. Maßstab für die eigenen Interaktionen sind dabei die Kennzeichen von Meisterschaft (Liebe, Mitgefühl, Freude und Achtsamkeit), die ab einem bestimmten Punkt das angemessene Verhalten intuitiv erspüren lassen. Bis zu diesem Punkt können allgemein geltende gesellschaftliche Konventionen eine Richtschnur bilden.

Phase der Veränderung

In der letzten Phase muss der bewusst gewordene Unterschied in der Güte der Bewegung oder des Verhaltens aufgehoben werden, so dass sich das eigene Tun dem Optimum angleicht und im Idealfall mit diesem zusammenfällt. Das bedeutet für die einfache Grundbewegung des Vorwärtsgehens beim Karate, dass die in diesem Fall frühzeitigere Streckung des Beines in die bisherige Bewegung integriert wird, um so die Ferse am Boden zu halten. Im Zweikampf wäre der Kämpfer nun in der Lage, zunächst das Tempo und den Krafteinsatz zurückzunehmen und durch wiederholte Übung für die Zukunft ein derartiges Verhalten zu vermeiden. In der dritten beispielhaft genannten Situation im Zug würde der Reisende vermutlich zunächst seinen Ärger wahrnehmen und zumindest innerhalb des Gesprächs zu einer freundlicheren Tonlage zurückfinden. Im Laufe seiner Übungen, bei denen er sich mit den Ursachen für emotionale Ungleichgewichte immer wieder auseinandersetzen würde, fiele es ihm auch zunehmend einfacher, nicht von den eigenen Emotionen getrieben zu werden und sich von vornherein höflich zu verhalten.

Es ist nicht immer möglich, sich im physischen Bereich einem Optimum vollständig anzunähern. Die Gründe können in unterschiedlichen anatomischen Gegebenheiten liegen (die jedoch viel seltener ursächlich sind, als gemeinhin angenommen wird, weil es sich in der überwältigenden Mehrheit der Fälle lediglich um Verspannungen handelt). Entscheidend für diese Phase ist in jedem Fall, dass der Übende die Gewissenhaftigkeit aufbringt, dieses Optimum tatsächlich erreichen zu wollen. Nicht selten scheitert das daran, dass Übende zu früh mit dem zufrieden sind, was sie erreicht haben und damit im Grunde die Übung aufgeben. Hierin liegt auch die Ursache dafür, dass nicht jeder nach Jahren des Trainings immer noch eine Übung betreibt. Nur wer das Unmögliche anstrebt, kann das Mögliche erreichen. Ohne diese Maxime hätte es Kolumbus nicht nach Amerika geschafft (auch wenn er dachte, es handele sich um Indien) oder der Mensch auf den Mond. Nichts anderes gilt für den Fall, eigene Grenzen zu erweitern oder mittels Veränderung neue Perspektiven der Persönlichkeit zu gewinnen.

Zugleich ist es in der Veränderungsphase möglich, dass die gefundene Lösung noch nicht ganz zu der erwünschten Verbesserung geführt hat, so dass die anderen beiden Phasen erneut durchlaufen werden müssen. Das geschieht so lange, bis das anvisierte Optimum über eine Verbesserung der Güte der Bewegung oder des Verhaltens eingetreten ist. Aber auch hier gilt, dass ein erreichter Zustand der beharrlichen weiteren Übung bedarf, um dieses Niveau nicht wieder zu verlieren.

Selbstkritik und Gewissenhaftigkeit sind nicht jedem von Anfang an gegeben. Insofern ist es nicht von Schaden, wenn sich Karate-Anfänger fortgeschrittenere Karateka auch ein wenig bewundernd zum Maßstab nehmen. Auf diese Weise wird das vergleichende Ego dazu herangezogen, Motivation zu schaffen. Es darf dann nur nicht vergessen werden, dass diese aus dem Vergleich entstehende Motivation im Laufe des Trainings in eine Motivation transformiert wird, die ihre Wurzeln in einem selbstbezogenen Willen, später im eigenen Selbst findet.

Um die notwendige Gewissenhaftigkeit zu entfalten, ist es unumgänglich zu verinnerlichen, dass ein Abweichen vom

Optimum immer gleichbedeutend damit ist, sein Potenzial nicht vollkommen auszuschöpfen. Letztlich muss erkannt werden, dass diese mangelnde Gewissenhaftigkeit immer ein Zeichen von Faulheit oder Hybris darstellt. Insofern ist es kontraproduktiv, wenn sogenannte »große Meister« Techniken präsentieren, die weit von einem Optimum entfernt sind. Es mag beispielsweise sein, dass es nicht notwendig ist, die Ferse am Boden zu lassen, wenn im Zweikampf ein Gegner in welcher Form auch immer besiegt werden soll. Biomechanisch ist diese Bewegung in einer derartigen Ausführung dennoch nicht optimal und stellt eine Abweichung vom Bewegungsoptimum dar, dem sich der ohne Ego übende Meister immer unterordnet. Provokativ könnte gefragt werden, wie das große Ganze erreicht werden soll, wenn es bereits bei den Kleinigkeiten an der notwendigen Akribie fehlt.

Es ist gerade für eine umfassende Weg-Übung unumgänglich, sich dieser drei Prozessphasen jederzeit bewusst zu sein, die die Grundlage für Entwicklung darstellen. Beim Auftreten einer wenig akzeptablen Verhaltensweise in einer Situation ist es für die Übung im Alltag entscheidend, die Zeit bis zu einem erneuten Auftreten der gleichen oder vergleichbaren Situation zu nutzen, das Wahrgenommene zu reflektieren und sich die Zusammenhänge bewusst zu verdeutlichen. Daraus können Schlüsse gezogen werden, wie es in der wiederkehrenden Situation zu vermeiden ist, in die ursprüngliche Verhaltensweise zurückzufallen. Nicht immer kann davon ausgegangen werden, dass bereits die ersten Ansätze zu dem intendierten

Verhalten führen. Dies ist insbesondere auch davon abhängig, wie tief eine Situation die betreffende Person berührt. Häufig wird eine überzeugende Veränderung erst
dann eintreten, wenn durch weitergehende Übungen, die
andere Aspekte der Persönlichkeit betreffen, sich quasi
gegenseitig unterstützende Effekte eintreten.

Selbst nach Hinzunahme einer vertiefenden meditativen
Technik mit einem Mantra gelten die Aussagen des letzten Absatzes. Im Wesentlichen behalten auch die übrigen
Ausführungen des Kapitels für und bei der Anwendung
dieser fortgeschrittenen Techniken (d.h. für den Weg zum
dritten Grad von Meisterschaft) ihre Gültigkeit. Doch es
gibt diesbezüglich kleinere Unterschiede zu beachten.

In der Phase der Bewusstheit bestehen zunächst weitge-
hende Parallelen. Mehr oder weniger gerichtet erfolgt die
Wahrnehmung eines Bewegungsanteils. Während jedoch
hinsichtlich der ersten beiden Grade die Betrachtungsob-
jekte eher gröberer Natur sind, sind die des dritten Grades
überwiegend subtiler. Ein vergleichendes Beispiel verdeutlicht das. Die angemessene Streckung des Beines, um die
Ferse am Boden zu halten, betrifft ein großes Körperteil,
das ohnehin für viele zumindest hin und wieder im Fokus
der Aufmerksamkeit steht. Nicht wenige haben Erfahrungen hinsichtlich dessen Dehnung oder mit Techniken wie
der progressiven Muskelentspannung, so dass sie zumindest in oberflächlicher Form eine Vorstellung davon haben, welchen Tonus die Muskulatur in ihrem Bein aufweist.
Dagegen wird der Übende bei einer Mantra-Meditation

im Laufe der Zeit mit Verspannungen konfrontiert werden, die sich beispielsweise in der Muskulatur um den Kehlkopf oder um das Zwerchfell herum befinden, in Muskelgruppen, deren sich der Mensch im Allgemeinen nicht einmal bewusst ist. Insofern vollzieht sich die Bewusstwerdung auf der physischen Ebene dem Empfinden nach weitgehend »zufallsbedingt«, weil weder der Meditierende selbst noch äußere Faktoren Einfluss nehmen (können). Dagegen besteht bei den körperbezogenen Übungen auf der ersten Stufe einer Weg-Übung naturgemäß eine relativ starke Korrelation zu den im Training vorgegebenen Situationen. Das Bewusstwerden psychischer Aspekte setzt auf diesem Niveau eine willentliche Entscheidung voraus. Bei der Verwendung meditativer Techniken auf der zweiten Stufe tritt ein nicht intendiertes Bewusstwerden hinzu, indem Gedanken während der Meditationsübungen – zwar nicht gänzlich zufällig, aber doch häufig ohne einen sichtbaren, aktuellen Anlass – im Bewusstsein erscheinen und je nach Intensität Anlass für eine weitere Betrachtung (Reflexion) geben (sollten bzw. müssen).

Hinsichtlich der Wirkungen ist auf der physischen Ebene festzuhalten, dass eine meditative Technik ganz allgemein auch Bewegungsmuster auf der körperbezogenen Ebene verbessert. Die mit der Zeit erreichte Neuausrichtung des Nervensystems führt zu einer Entspannung im Körper, die grundsätzlich eine größere Geschmeidigkeit fördert. Auf der psychischen Ebene besteht neben dem willentlich zu initiierenden Akt zur Veränderung ein diesbezüglicher Impuls, der sich aus dem Mantra selbst ergibt. Dieser Effekt

tritt dadurch auf, dass bestimmte Mantras über die Eigenschaft verfügen, das Unterbewusstsein direkt auf die Ebene der Verbundenheit auszurichten. Dabei darf jedoch
nicht übersehen werden, dass grundsätzlich auch bei Einsatz dieser Techniken ein Wille zur Veränderung vorhanden sein muss. Insofern besteht auf dieser Stufe kein Unterschied zum allgemeinen Vorgehen im Rahmen von
Weg-Übungen.

Unter Berücksichtigung dieser kleinen Abweichungen lässt
sich damit zusammenfassend feststellen, dass die Phasen
der Bewusstheit, des Verstehens und der Veränderung innerhalb der Weg-Übung logisch aufeinanderfolgen. Dabei
wiederholen sie sich durchaus mehrfach bei der Bearbeitung eines Aspekts. Am Anfang werden sich die Prozesse
auf wenige Aspekte beschränken und im Laufe der Zeit
auf nahezu alle Handlungen und Verhaltensweisen zeit-
gleich erstrecken. Unabdingbare Voraussetzung, um auf
diese Weise das eigene Potenzial voll auszuschöpfen, sind
absolute Kritikfähigkeit und Gewissenhaftigkeit sowie die
Hinzunahme einer meditativen, auf ein Mantra bezogenen
Technik. Entscheidend für den Fortgang der Entwicklung
wird schließlich sein, in welcher Qualität und Quantität die
Übungen ausgeführt werden.

11 Qualität und Quantität

Die Art und Weise, wie die Übungen durchgeführt werden, muss verschiedenen Kriterien entsprechen, damit Entwicklung stattfinden kann. Die Missachtung dieser Kriterien führt dazu, das eigene Potenzial nicht auszuschöpfen und den Zugang zum Selbst als dem Seinskern (Seele) nicht umfassend zu erreichen. Zusammenfassen lassen sich diese Kriterien unter den Begriffen Qualität und Quantität. Während über die Qualität ganz selbstverständlich nachgedacht wird, findet sich fast nirgends ein Wort über die notwendige Quantität der Übung, die jedoch einen wichtigen Schlüssel für die eigene Entwicklung darstellt.

Für die **Qualität** der Übung kann aus dem vorhergehenden Kapitel bereits geschlossen werden, dass es unerlässlich ist, sich einem Optimum bedingungslos unterzuordnen und diesem Optimum als Ziel der Übung entgegenzustreben. Nur auf diese Weise kann zuverlässig verhindert werden, dass Ausreden die eigene Entwicklungsmöglichkeit beschränken.

Zudem ist es wichtig, diejenigen Aspekte herauszufiltern, die für die eigene Entwicklung eine besondere Bedeutung aufweisen. Das sind nicht diejenigen, bei denen es besonders leicht fällt, daran zu arbeiten, oder die sich vielleicht bereits nahe am Optimum befinden. Es sind diejenigen, bei denen es schwerfällt, d.h., die die eigene Person tiefgehend betreffen. Auch an dieser Stelle scheint der Einwand des Selbstverständlichen möglich. Die Erfahrung belegt jedoch eher das Gegenteil. Nicht selten befassen sich Karate-Trainierende viel lieber mit den Techniken, die sie recht gut beherrschen, und meiden unvollkommenere, weil bei diesen eine niedrige Frustrationsschwelle besteht. Und es ist natürlich viel schöner, mit einem guten Gefühl wieder nach Hause zu gehen. Auch in Alltagsbereichen ist die notwendige Qualität nicht immer gegeben. Als eindrückliches Beispiel kann die Fastenzeit vor Ostern gelten, während der so manch einer ganz auf Süßigkeiten verzichtet. Für jemanden, der ohnehin Schokolade und Ähnliches nicht als Grundnahrungsmittel betrachtet, bedeutet der Verzicht auf Naschwerk überhaupt keine Anstrengung. Im Ergebnis fehlt dieser Übung jegliche Qualität, um die eigene Entwicklung zu fördern. Im Gegenteil liegt hierin eher ein Selbstbetrug, wenn damit die Fähigkeit zum Verzicht begründet werden soll, obwohl gleichzeitig beispielsweise keine Zigarette ausgelassen werden kann. Gleiches gilt für Menschen, die sich in welcher Form auch immer eine Woche Schweigen auferlegen, obwohl sie ohnehin nicht zu den redseligen Personen zählen. In diesem Fall besteht zwar eine hohe Erfolgswahrscheinlichkeit, aber der Wert der Übung ist als marginal einzustufen.

Spätestens um die Qualität der Übung nochmals zu verbessern, empfiehlt sich ab einem gewissen Stand der Erfahrungen eine meditative Technik. Auf diesem Wege können die gewonnenen Erfahrungen und Erkenntnisse tief in das Unterbewusstsein sinken und so dazu beitragen, neu als wünschenswert erkannte Handlungsmuster zu unterstützen. Aber auch für diese Art der Übungen gilt es, diejenigen auszuwählen, die einen spürbaren Bezug zum Übenden aufweisen. Ansonsten ist das Ergebnis zwar allgemein entspannend, bringt den Übenden jedoch nur unwesentlich auf seinem Weg voran.

Daher bedarf es in allen Fällen einer realistischen Einschätzung der eigenen Persönlichkeit, um die Übungen hinsichtlich der Qualität richtig auszuwählen. In gewisser Weise hängt diese wiederum mit der Fähigkeit zur Selbstkritik zusammen, die erst zu einer ehrlichen Selbsteinschätzung führt. Nicht umsonst heißt es im Volksmund: »Selbsterkenntnis ist der erste Weg zur Besserung.« Die Ausreden, mit denen das eigene Verhalten beschönigt wird, sind so zahlreich wie Sterne am Himmel stehen. Wichtig ist es aber gerade, diesen Ausreden nicht nachzugeben. Woran sich direkt die Frage nach der Quantität der Übung anschließt.

Die **Quantität** der Übung entscheidet nun darüber, wie weitreichend Veränderung stattfinden kann oder ob das Ziel der Meisterschaft eine Vision bleibt. Über die Gründe, warum sich bis auf wenige Ausnahmen kein Hinweis dazu in der einschlägigen Literatur findet, könnte nur spekuliert werden. Eine erfreuliche Ausnahme besteht hinsichtlich der für die zweite Stufe einer Weg-Übung geeigneten Techniken und Meditationen des Kundalini-Yoga nach Yogi Bhajan. Das bezieht sich sowohl auf konkrete Anwendungen als auch auf grundlegende Übungszeiten.

Demnach bedarf es beispielsweise einer Dauer von zwei-einhalb Stunden, um die Information eines Mantras in die Psyche zu integrieren. Soll auf diese Weise eine Gewohnheit auch nur gebrochen werden, muss diese Übung bereits mindestens vierzig Tage wiederholt werden. Wer einmal versucht hat, länger zu meditieren, kann bereits erahnen, wie schwierig ein derartiges Unterfangen ist. Dabei ist die Quantität, wie bei den Übungen auf der ersten Stufe, in zweierlei Hinsicht für die Entwicklung relevant.

Je häufiger eine Person übt, desto schneller stellen sich Verbesserungen ein. Das leuchtet jedem unmittelbar ein, wenn eine körperliche Übung betrachtet wird. Wird zweimal pro Woche geübt, werden bereits Fortschritte erzielt. Diese stellen sich allerdings viel später als bei täglicher Übung ein und auch nicht in der gleichen Weise, wie leicht an den großen Leistungsunterschieden zwischen Breiten- und Leistungssportlern abgelesen werden kann. Es sei aber an dieser Stelle betont, dass umfangreiche Übung wenig bis nichts bringt, solange die notwendige Qualität der Übung fehlt. Es können tausende Schrittbewegungen ausgeführt werden. Solange es daran fehlt, die eigenen Fehler zu erkennen oder verändern zu wollen, kann trotz des großen Umfangs keine fundamentale Verbesserung erreicht werden. Umgekehrt führt eine qualitativ gute Übung zu keiner nachhaltigen Verbesserung, falls der notwendige Übungsumfang ausbleibt. Dies gilt nicht nur für den physischen Bereich, sondern gleichermaßen für den psychischen. Setzt sich beispielsweise eine Person mit seiner eigenen Faulheit auseinander, wird es ihr nicht ge-

nügen, einmal im Monat entgegen diesem Impuls zu handeln. Es wird sich keine dauerhafte Veränderung einstellen. In dem Fall wäre es notwendig, jedes Mal, wenn ein
Impuls zur Faulheit auftritt, diesem nicht zu folgen. Man
denke an Situationen nach einem wirklich gelungenen Essen: Gemütlichkeit breitet sich aus, der Espresso wird bereits förmlich auf dem Tisch neben der Couch visualisiert,
die Lieblingsmusik wird gerade passend zur Stimmung
aufgelegt, während die Espressomaschine ihre Arbeit auf-
nimmt – und dann drängt sich leider der Gedanke an den
Abwasch des Geschirrs in das Bewusstsein. Das stellt in
der Regel eine hervorragende Möglichkeit dar, zu üben
und einfach kurz zu spülen.

Für manch einen kann allerdings eine sinnvolle Übung
auch darin bestehen, nicht zwanghaft den Abwasch erledigen zu müssen und sich zunächst einen Moment des
Genießens zu gönnen. Fatal wird es allerdings besonders
dann, wenn derjenige, der zur Faulheit neigt, sich das letz-
te Argument als Ausrede für sich selbst zurechtlegt. Um
Fortschritt erreichen zu können, ist auch hier Ehrlichkeit
vor sich selbst von entscheidender Bedeutung.

Ein zweiter Faktor neben der rein zeitlichen Komprimie-
rung liegt in einer sich verstärkenden Wirkung der einzelnen Übungen. Zum Vergleich kann ein Aktionspotenzial
herangezogen werden: Ein Nervenimpuls wird ausgelöst,
sobald eine bestimmte Erregungsschwelle überschritten
wird. Bleibt ein Reiz darunter, kommt es zu keiner Reaktion. Eine Reaktion kann allerdings nicht nur durch einen

einzelnen sehr starken Reiz ausgelöst werden, sondern auch dadurch, dass mehrere schwächere Reize zusammentreffen und diese Kumulation zu einem Überschreiten der Reaktionsschwelle führt. Gleiches gilt für die Übungen auf dem Weg zu den verschiedenen Graden von Meisterschaft. Einzelne Übungen in loser Abfolge führen Veränderung in gewisser Hinsicht und bis zu einem gewissen Punkt herbei, so dass der in dieser Weise Übende positive Effekte für sich selbst wahrnimmt. Und das ist selbstverständlich gut und verdient – es kann nicht genug betont werden – Respekt. Nur häufig kommt es dann zu einem Fehlschluss, der darin liegt, dass es halt ein weiter Weg sei und die Meisterschaft sich schon irgendwann einstellen werde. Das ist eben nicht so. Vollendete Meisterschaft, also der permanente Zugang zum eigenen Selbst, um mit sich und der Umwelt in Einklang zu leben, kann sich in Einzelfällen durch die Folgen eines das Leben erschütternden Erlebnisses einstellen, weil mit einem Schlag der Kern der Formulierung »Ich bin« erfasst wird. Teilweise sind danach nicht einmal mehr bewusste Anstrengungen notwendig, um die alten Strukturen des Egos aufzulösen und aus dem eigenen Selbst zu handeln. Gleiches wird jedoch auch und nur dann möglich – und das ist der entscheidende Baustein für den eigenen Weg, falls ein schwerwiegendes Erlebnis nicht zur Stelle ist –, wenn die Übungen so stark intensiviert werden, dass über deren Kumulation die Schwelle überschritten wird, hinter der sich die entscheidenden Erfahrungen auftun, die für vollendete Meisterschaft notwendig sind. Dies ist nicht möglich, wenn der Übende ein oder zwei Mal im Jahr zu einer Meditationswoche aufbricht, aber ansonsten vielleicht einmal am Tag übt, weil die Intensität nicht ausreicht, die Schale des Nicht-Bewussten aufzubrechen. Es muss über eine längere Zeit erreicht werden, dass die Übung nahezu den gesamten Wachzeitraum jedes Tages einnimmt. Erst dann werden sich im Zusammenspiel verschiedener, gleichzeitig verlaufender Übungen Erfahrungen einstellen, die die eigene Entwicklung auf ein neues Niveau heben, bis letztlich eine »große Erfahrung« erlebt wird, die den Durchbruch zum Seinskern markiert.

Das bedeutet, dass über diesen mehr oder weniger lang andauernden Zeitraum alles der Übung untergeordnet werden muss. Nur in dieser Kompromisslosigkeit gelingt es, die notwendige Quantität zu erreichen. Es sei darauf hingewiesen, dass es sich dabei um eine sehr harte und egoistisch anmutende Entscheidung handelt. Der Übende muss sich darüber klar werden, ob er das leisten will und kann. Aber jede Einschränkung und jede Ausnahme bedeutet nur, sich weiterhin von Ausreden leiten zu lassen. »Geht das denn überhaupt?«, wird sich manch Leser an dieser Stelle sicherlich fragen. Es geht, allerdings nur mit großer Selbstdisziplin und der Bereitschaft, Opfer zu bringen.

Absolute Selbstdisziplin ist demzufolge eine weitere unabdingbare Voraussetzung für Weg-Übung. Und hier zeigen die physisch ausgerichteten Weg-Künste ihre besondere Stärke. Der Übende wird bis an die Grenze seiner körperlichen Leistungsfähigkeit gefordert, und er geht schließlich über diese hinaus. Er lernt schnell, dass der Wille das Instrument ist, das es ermöglicht, mehr als angenommen leisten zu können. Der Wille und das Vertrauen, ein Ziel erreichen zu können, stärken die Selbstdisziplin und bilden entsprechend auch die Grundlage für die Beharrlichkeit in der Veränderung von Verhaltensweisen.

Opfer zu bringen, ohne letztlich zu wissen, wohin das Ganze führt, erscheint zunächst ein weitreichender Schritt zu sein. Die Frage könnte sich aufdrängen, ob es das wert ist. Aber diese Frage ist falsch gestellt. In der Regel wird nur derjenige eine intensive Weg-Übung anstreben, der sich in irgendeiner Weise – wertfrei formuliert – in einem psychischen Ungleichgewicht befindet. Je größer die daraus resultierende Not ist, desto stärker ist Motivation und Wille, einen Weg zu gehen. Milder könnte diese Not auch als eine Sehnsucht formuliert werden. Auf jeden Fall entstehen zunächst positive Effekte ganz einfacher Art wie Entspannung, körperlich sowie psychisch, und es beginnt eine Art Sog oder auch innerer Ruf, der dazu führt, die Übungen stetig zu intensivieren. Im Laufe der Zeit stellt sich dann beispielsweise immer wieder die Frage, ob Zeit für Übungseinheiten oder Partyleben verwendet werden soll. Eigentlich ist das ab einem bestimmten Zeitpunkt keine Frage mehr. Die Entscheidung steht fest, auch wenn dadurch soziale Kontakte gefährdet werden oder sogar verloren gehen. Nichts und wirklich gar nichts darf sich der Übung in den Weg stellen, soll die notwendige Intensität erreicht werden – und wenn hier »nichts« steht, dann ist auch nichts gemeint.

Nur wer aus einer einem psychischen Ungleichgewicht entspringenden, irgendwie gearteten Notlage oder Sehnsucht heraus handelt, wird die notwendige Disziplin aufbringen, die Übungen in einer Qualität und Quantität auszuführen, deren kumulierende Wirkung zu Erfahrungen führt, die eine dauerhafte und sprunghafte Entwicklung auf dem Weg zur Meisterschaft zweiten bzw. dritten Grades ermöglicht. Ein starker Wille alleine genügt nicht, weil dieser in die Irre führen kann, falls Training und Übungen immer mit der latenten Absicht verfolgt werden, das als niedrig bewertete Ego aufzublähen. Dieses ständig größer werdende Ego steht schließlich immer mehr dem Zugang zum eigenen Selbst im Wege. Am Ende findet sich eine Person, die sich für einen Meister hält, aber keiner ist und aufgrund mangelnder Erfahrungen bei gleichzeitiger Fehlvorstellung über die eigene Persönlichkeit nicht in der Lage ist, andere zu Meisterschaft zu führen. Wenn diese Person ehrlich wäre, will sie das auch gar nicht, weil sonst der besondere Status verloren ginge und das schwache Ego erneut ein Problem bekäme.

Gekennzeichnet sind die oben erwähnten Notlagen dadurch, dass ein Unterschied zwischen den eigenen und den als wünschenswert gefühlten Handlungen wahrgenommen wird. Es handelt sich dabei weniger um einen kognitiven als um einen intuitiven Prozess. Das bedeutet, dass derjenige, der beginnt, sich mit einer Weg-Übung auseinanderzusetzen, bereits eine Ahnung hat. Die Weg-Übung wird auf diese Weise zu einer Handlungsweise, die anfangs teilweise in einem inneren Kampf immer wieder gegen das Ego durchgesetzt werden muss, auch wenn sich das Ego zuweilen geschickt einbeziehen lässt.

Es soll nochmals darauf hingewiesen werden, dass sich die Forderungen in ihrer weitestgehenden Ausprägung hinsichtlich Qualität und Quantität auf vollendete Meisterschaft als Ziel beziehen. Je weniger dieses Ziel bei der Übung aus welchen Gründen auch immer intendiert ist, desto weniger intensiv kann die Übung naturgemäß ausfallen. Es ist generell schwierig, diese Zusammenhänge verbal zu fassen, weil die Sprache mit Bewertungen arbeiten muss, um die Bewegungsrichtung des Übenden zu Höherem zu verdeutlichen. Letztlich bedeutet das aber immer nur ein Anders, nie per se ein Besser oder Schlechter. Die Wahrnehmung des Kontakts zum eigenen Seinskern (Seele) ist ein Geschenk, das das eigene Leben in vielerlei Hinsicht verändert, so dass es eine ungeahnte Qualität bekommt. Damit ist allerdings kein Bessersein gegenüber anderen Menschen verbunden. Auch können die ersten Schritte auf einem Weg sehr steinig sein. Daher ist es mehr als verständlich, wenn sich eine Person dafür entscheidet, sich in einem für sie machbareren Rahmen mit der Entwicklung der eigenen Persönlichkeit zu beschäftigen. Es ist auch nicht verwerflich, das Leben einfach zu leben und alles als gegeben hinzunehmen (solange andere nicht geschädigt werden). Wichtig ist nur, sich über die Folgen der eigenen Entscheidung im Klaren zu sein.

Aus den Darlegungen folgt gleichzeitig, dass mit Karate- und anderen Weg-Übungen alleine das Ziel vollendeter

Meisterschaft nicht erreicht werden kann. Zum einen liegt das an der begrenzten Tiefenwirkung; zum anderen aber rein faktisch natürlich daran, dass niemand in der Lage ist, den ganzen Tag zu trainieren.

Zusammenfassend kann festgehalten werden, dass es für den Weg-Übenden notwendig ist, sich über die Qualität und Quantität seiner Übung bewusst zu werden und diese seinem Ziel entsprechend anzupassen. Ganz nüchtern gilt auch hier wie bei allem anderen: Je mehr hineingesteckt wird, desto mehr kann herauskommen. Und nur wenn bei entsprechender Qualität der Übung die Quantität in einer Weise erhöht wird, durch die die einzelnen Übungen sich kumulierend verstärken, kann der zweite Grad von Meisterschaft erreicht werden. Hierfür ist es notwendig, die Übungen auf den gesamten Alltag auszudehnen und ohne Ausnahme entgegen jeglichen Ausreden zu handeln. Die erforderliche Selbstdisziplin erwächst aus einem starken Willen und einer inneren Not oder Sehnsucht, die letztlich bereits mit einer unbestimmten Ahnung über das Sein verbunden ist. Verstärkt sich diese im Laufe der Übungen, ist es nur noch ein kleiner Schritt, um Techniken hinzuzunehmen, die dazu geeignet sind, den Übenden über den zweiten Grad von Meisterschaft hinauszuführen.

12 Karate als Ausgangsbasis

Das vorliegende Kapitel skizziert lediglich einen möglichen Entwicklungsverlauf, der jedoch nicht unrealistisch dargestellt ist. Gründe, warum Menschen damit beginnen, Karate zu trainieren, gibt es zahlreiche. Die Bewegungen an sich finden Gefallen, die ausgewogene Belastung des gesamten Körpers, der Gedanke an eine Verbesserung der konzentrativen Fähigkeiten oder die Sorge um Selbstverteidigung geben den Anlass, ein derartiges Training auszuprobieren.

Phase der Bewusstheit
Nach einer Eingewöhnungsphase, in der auch gedanklich sehr viel in die neu zu erlernenden Techniken investiert werden muss, beginnen sich langsam die ersten Techniken für den Anfänger zu automatisieren. Auf diese Weise wird es möglich, die Techniken aus dem Geiste her mehr zu beobachten, ohne in der gesamten Bewegung auf eine gedanklich-analytische Begleitung derselben angewiesen zu sein. Der Anfänger lernt seinen Körper wahrzunehmen und vor allem auch, ganz bewusst Teilaspekte aus komplexen Bewegungsstrukturen genau zu registrieren – oder eben auch nicht. Das sind dann die Momente, in denen der Übungsleiter verzweifeln könnte, weil der Trainierende einfach nicht bemerkt, wie er sich bewegt. Im Normalfall beginnt der Übende jedoch die notwendige Körperwahrnehmung zu entwickeln. Damit ist die Voraussetzung ge-

schaffen, um über die Bewusstheit Verstehen zu ermöglichen und Veränderungen einleiten zu können.

Phase des Verstehens

Wenn eine Diskrepanz zwischen dem optimalen und tatsächlichen Bewegungsablauf wahrgenommen wird, muss
versucht werden zu verstehen, woran das liegt. Hierfür
gibt es zwei Wege. Zum einen kann der Übende Bewe-
gungsvarianten ausprobieren, bis er diejenige gefunden
hat, die das optimale Ergebnis zur Folge hat. Zum anderen
kann er einen guten Lehrer fragen, wo genau das Problem
für die Abweichung liegt.

Grundsätzlich ist es zwar wünschenswert, wenn der Übende eigenständig zu einer Lösung gelangt. Gerade am Anfang fehlt diesem unter Umständen jedoch das notwendige Technikverständnis, um die Konsequenzen einer Bewe-
gungsveränderung jeweils richtig zu bewerten. Es kann
durchaus sein, dass es Bewegungsalternativen gibt, die auf
einen einzelnen Aspekt bezogen das gewünschte Resultat
hervorbringen. Dabei kann an anderer Stelle in der Bewegung ein neuer Fehler entstehen, der die Bewegungsalter-
native wiederum verbietet. Insofern stellt das eigenständi-
ge Ausprobieren mit anschließender Beratung durch einen
erfahrenen Lehrer ein Optimum dar, weil der Übende bereits frühzeitig beginnen sollte, sich selbst mit den Techniken auseinanderzusetzen. Andernfalls kann die notwendige Reife zur technischen (handwerklichen) Meisterschaft
nicht erfolgen. Leider gibt es immer noch zu viele Karate-
Treibende, die ihre Bewegungen mit der Feststellung be-

gründen, ihr Trainer habe ihnen das so gesagt. Dem Trainer, Übungsleiter, Lehrer muss aber im Interesse seiner Trainierenden, Übenden, Schüler immer daran gelegen sein, dass diese seinen Status ebenfalls erreichen können. Dazu ist allerdings ein analytisches Verständnis der Biomechanik unerlässlich.

Unerlässlich ist das biomechanische Verständnis auch deshalb, weil der Übende sonst nie in die Lage versetzt wird, sinnvoll eigenständig zu üben. Kann er dies jedoch nicht, wird er die notwenige Intensität nicht erreichen, um Erfahrungen zu machen, die es ihm ermöglichen, seine Übungen auf die psychische Ebene auszudehnen.

Phase der Veränderung

Über das Verstehen der Zusammenhänge innerhalb von Bewegungen können diese schließlich verändert und stabilisiert werden. Wenn der Übende die Phase erreicht, in der er Bewegungen bereits verhältnismäßig gut automatisiert ausführen kann, stellen sich durch das Karate-Training bereits erste unbeabsichtigte (teilweise sogar als überraschend empfundene), aber positive Effekte auf der geistig-emotionalen Ebene ein. Ein geplagter Student hat nach einem langen Tag an der Uni etwa das Gefühl, dass der Kopf nach dem Training wieder frisch ist – aufgrund der Fokussierung auf eine Beobachtung der Bewegungen und eine dadurch bedingte Zentriertheit. Das stellt häufig die erste positive Begleiterscheinung des Trainings dar, die von Anfängern neben einem entspannten körperlichen Zustand wahrgenommen und kommuniziert wird.

Im weiteren Fortschreiten nimmt die Intensität und der Umfang des Trainings zu, so dass es (immer vorausgesetzt, die innere Haltung stimmt insoweit, dass der Übende stets das maximal Mögliche geben will) zum wiederholten Einstellen von Erfahrungen kommt, in denen der Übende merkt, mehr leisten zu können, als er sich zutraut. Auf diese Weise lernt er, dass die Angst, Übungen von der Ausdauer her nicht durchhalten zu können, sehr viel früher einsetzt, als es auch nur annähernd notwendig wäre. Hierfür sind nicht einmal sehr hohe Umfänge über eine gesamte Übungsstunde notwendig. Bei maximalem Einsatz kann dieser Effekt auch in einzelnen Teilen des Trainings erreicht werden.

Insbesondere die längeren Kata bieten ein probates Mittel, immer wieder über eigene vorgestellte Leistungsgrenzen hinauszugehen und daraus positiven Nutzen für sich selbst zu ziehen. Über die Kata-Übung werden die Bemühungen intensiviert. Durch die gegenüber dem Kihon andersartigen, schwierigeren Technikabfolgen wird das Verständnis für die Bewegungsdynamik vertieft. Es wird deutlich gefühlt, wie sehr die entspannte Bewegung notwendig ist, um eine Technik am Bewegungsschluss maximale Kraft entfalten zu lassen. Diese Erfahrung wird sich allerdings meist erst bei hoher Trainingsintensität einstellen, wenn beispielsweise Kata über ein bestimmtes methodisches Vorgehen häufig geübt wird.

Ist der Übende an dem Punkt angekommen, an dem er an der Entspanntheit der Bewegungen arbeitet, hat er begonnen, sich mit der Veränderung auf einer geistig-emotionalen Ebene auseinanderzusetzen (falls es sich nicht nur um einen Selbstzweck handelt). An diesem Punkt des Verständnisses eröffnen sich zwei Optionen. Um an dieser Stelle weitergehend arbeiten zu können, muss letztlich das Übungsprinzip auf den gesamten Alltag ausgedehnt werden. Jede Handlungsweise wird bewusst wahrgenommen, hinterfragt, verstanden und kann damit verändert werden. Spätestens im Verlaufe dieses Vorgehens, parallel dazu oder auch vor einer Ausdehnung auf das Alltagsleben ermöglicht die Hinzunahme meditativer Techniken rein physisch (mit der Zeit) eine tiefergehende Entspannung. Zudem verfeinern diese die Wirkungen auf der psychischen Ebene.

Bunkai

In der Regel wird das Bunkai, die Anwendung der Techniken einer Kata in einer Kampfsituation, als Grund- oder Vorlage für Selbstverteidigungstechniken gesehen. Dieser verkürzten Sichtweise sollte ein Weg-Übender wie oben dargelegt nicht folgen. Es kann für das Karate-Training vielmehr hilfreich sein, sich mit dem Bunkai in einer Form zu beschäftigen, die den Elementen Erde, Wasser, Feuer und Luft entsprechen. Das Element Erde steht für ein Kampfverhalten, das durch eine starke Verbundenheit mit der Erde, d.h. durch einen festen Stand, bestimmt ist, aus dem heraus eine kräftige Abwehr und ein ebensolcher Konter erfolgt. Wasser zeichnet sich hingegen durch seine Flexibilität aus. Ausweichbewegungen aus der Angriffslinie heraus erfolgen mit einer Abwehrbewegung, die aufgrund des Herausgleitens weicher erfolgen kann. Anschließend wird auf den Gegner wieder zugeglitten und mit einem starken Konter abgeschlossen, ähnlich dem kraftvollen Aufschlagen der Welle am Strand. Das Element Feuer wirkt durch seine Expansion und Dynamik. Die Abwehr erfolgt bereits im Bewegungsansatz des Angreifers, so dass der Konter dem gegnerischen Angriff im Idealfall in seiner vollständigen Entfaltung zeitlich zuvorkommt. Im Gegensatz zu der durch das Element Erde gekennzeichneten Abwehr, die den Angriff erst abwartet, wird bei dem durch Feuer versinnbildlichten Vorgehen aggressiv in den gegnerischen Angriff hineingegangen. Charakteristisch für das Element Luft ist seine Leichtigkeit. Ähnlich wie bei dem Wasserelement wird sich aus der Angriffsrichtung herausbewegt. Der Konter oder die Gegenmaßnahme besteht in diesem Fall jedoch in der Regel in einem Hebel oder Wurf, weil eine Verletzung des Gegenübers bewusst unterbleiben soll. Ist sich der Übende dieser unterschiedlichen Qualitäten bewusst, kann er über die Wahl der Übungsformen seine Möglichkeiten in diesen Bereichen erweitern. Normalerweise verfügt jeder Übende zu Beginn über eine ihm näher liegende Reaktionsweise, so dass er durch die Übung der anderen Qualitäten auch seine Persönlichkeit vervollständigt. Zudem wird er dies auf den Alltag übertragen. Während es sich bei den Karate-Übungen um einen physischen Kampf handelt, finden diese Auseinandersetzungen im allgemeinen Leben auch auf der verbalen Ebene immer wieder statt. Es werden somit Handlungsoptionen geschaffen, die eine hohe Flexibilität erlauben. Letztlich geht es hier allerdings nicht um den Kampf mit einem Gegner, sondern um die Vervollständigung der eigenen Persönlichkeit, die eine Bedingung für den Zugang zum Selbst (zur Seele) darstellt. Der Zugang kann aber erst dann erfolgen, wenn als letztes Element die Leere hinzugenommen wird.

Jede Bewegung einer Kata kann auf den genannten vier Ebenen interpretiert werden, d.h., jede Bewegung weist jede der vier Dimensionen auf. Darüber liegt quasi die Metaebene der Leere. In dieser höchsten Dimension (die mit Bezugnahme auf die Chakren nochmals differenziert werden könnte) wird dann geübt, wenn keine Gedanken die Bewegungen begleiten, sie also rein sind. Die Bewegungen erfolgen, obwohl weder Gegner noch Gedanken diese veranlassen (abgesehen von dem Impuls zur ersten Bewegung einer Kata). Diese Dimension anzustreben bedeutet, den Kampf aus dem äußeren vollständig in sein Inneres verlagert zu haben. Erst danach kann Übung gänzlich zu einer Weg-Übung werden, die über einen technischen Meistergrad hinausführt.

Dieses Vorgehen stellt insgesamt gesehen keinen linearen Prozess dar. Dafür sind die Menschen in ihrer Individualität viel zu verschieden. Die Übungen werden daher in der letzten Dimension mit Übungen auf den anderen Ebenen einhergehen und sich immer wieder abwechseln und ergänzen. Um die Dimension der Leere erreichen zu können, ist es notwendig, seine Persönlichkeit zu schauen und alle dem Menschen gegebenen Persönlichkeitsanteile zu integrieren. Das Üben entsprechend der anderen Elemente leistet dazu einen Beitrag. Das Bunkai ist für diese Zwecke nur ein Mittel unter vielen. Aufgeführt wurde es hauptsächlich deshalb, weil Bunkai nicht selten auf seine kämpferischen Wurzeln verkürzt wird. Das führt jedoch dazu, seine transzendierenden Möglichkeiten zu negieren.

Befindet sich der Übende auf der psychischen Ebene, gestaltet sich die Übung in immer größeren Schritten. Die ansteigende Motivation sowie weitergehende Erfahrungen verhindern jeden Zweifel an der Sinnhaftigkeit des eigenen Vorgehens. Ist es erst einmal gelungen, Gedanken zu kontrollieren (genau genommen ist niemand gezwungen zu denken, wenn er nicht will), werden weitergehende Methoden Interesse wecken, die zu einer Bewusstseinserweiterung bzw. -anhebung führen. Diese fördern nicht nur die vollständige Integration aller Eigenschaften und Fähigkeiten des Menschen. Erst über diese Methoden kann der Übende erreichen, sich der Gedanken dauerhaft entsprechend den reinen Impulsen der Seele bewusst zu sein.

Der Schlüssel zu einer derartigen Entwicklung liegt, wie ausgeführt, in der Quantität und Qualität der Übung begründet. Die Qualität bestimmt die innere Haltung, während die Quantität die nach außen gerichtete Haltung widerspiegelt; d.h., auch in diesem Begriffspaar bilden Inneres und Äußeres eine Einheit.

Jeder muss für sich die ihm angemessene Form finden, um auf dem eigenen Weg voranschreiten zu können, weil sonst nie die notwendige Disziplin mit der entsprechenden Freude aufgebracht werden kann. Für Karate bietet sich die Übung der längeren Kata an. Diese sollten mit nur kurzen Pausen fünfzehn Mal wiederholt werden. Die ersten fünf locker, um Bewegungsdefizite aufzudecken und zu korrigieren. Die folgenden fünf müssen ebenfalls ohne Krafteinsatz ausgeführt werden, weisen aber zunehmende Geschwindigkeit bis zur maximalen Schnelligkeit auf, wobei bei jeder Steigerung immer noch darauf fokussiert wird, ob die anfangs begonnene Bewegungskorrektur beibehalten wird. Die letzten fünf Kata werden bei jeweils maximaler Geschwindigkeit mit zunehmendem Krafteinsatz (Kime) am Bewegungsende ausgeführt. Die vorletzte Kata sollte mit maximalem Einsatz erfolgen. Nach einer unvollständigen Pause ist es dann wichtig, bei der letzten Ausführung nicht schwächer oder langsamer zu werden. Auf diese Weise werden höchstens zwei Kata in einer Stunde geübt, wobei in einer Woche nicht zwischen mehr als drei Schwerpunktkata abgewechselt werden sollte, die über Monate hinweg gleich bleiben müssen. Zusätzlich können Grundtechniken und Partnerübungen entsprechend den eigenen Erfordernissen geübt werden. Je nach der Intention des Übenden sollten diese Übungsstunden täglich erfolgen – zusätzlich zu dem abends stattfindenden Gemeinschaftstraining. Hier schließt sich der Bogen zu der Forderung, dass auch bei bestrebter innerer Haltung die Quantität darüber mitentscheidet, welches Ergebnis erzielt werden wird.

Es sei nochmals darauf hingewiesen, dass die Ausführungen analog auch für alle anderen Tätigkeiten und Techni-

ken gelten. Allen ist gemeinsam, dass sie über Mechanismen der Weg-Übung zum Wiedererlernen einer profunden Entspannung führen können. Diese bietet wiederum
eine hervorragende Ausgangsbasis, um über eine meditative Technik vervollkommnet zu werden. Aufgrund der
zentralen Bedeutung von Entspannung für den eigenen
Fortschritt sollen im folgenden Kapitel diesbezüglich die
wichtigsten Zusammenhänge dargelegt werden.

13 Entspannung und Zulassen

Der Mensch ist ein duales System, bestehend aus dem Physischen und dem Psychischen. Beide Teilsysteme beeinflussen sich dabei wechselseitig. Es ist daher sowohl über eine Entspannung der Muskulatur möglich, die Gedankentätigkeit zur Ruhe zu bringen, als auch über ein Loslassen von der Gedankentätigkeit die Muskulatur zu entspannen. Über Karate wird sich zunächst der ersten Möglichkeit bedient. Das bedeutet insofern einen erheblichen Vorteil, als den meisten Menschen doch gerade ihre Gedanken im Wege stehen.

Es sei an dieser Stelle nochmals darauf hingewiesen, dass es zahlreiche Wege gibt, deren Übung über einen technischen Meistergrad hinausführen kann; und dass die entscheidendere Frage lautet, den für sich selbst passenden zu wählen. Auch der Weg des Kochens führt zum Ziel – vielleicht ist der Übende ja ein Berufskoch –, wenn die Situation und eine innere Neigung dem entsprechen.

Tatsächlich bildet die Entspanntheit von Bewegungen ein wichtiges Etappenziel auf dem eigenen Weg. Immer wieder staunen Trainierende, wenn sie darauf hingewiesen werden, dass ihre Bewegungen nicht entspannt seien. Diese Aussage steht scheinbar im Widerspruch zu dem bei den meisten Karate-Bewegungen angestrebten Ziel, Kime (Körperspannung am Ende der Technik) herbeizuführen.

Deshalb sollen hier noch ein paar klärende Bemerkungen eingefügt werden.

Unterschieden werden müssen letztlich drei Tonuszustände der Muskulatur: die Erschlaffung, die Anspannung und die Verkrampfung. Bezogen auf eine statische Betrachtung leuchtet das jedem sofort ein, weil der Tonus spürbar ist. Beispielsweise kann eine Person ein Weinglas in der Hand halten. Erschlafft die benötigte Muskulatur, gleitet das Weinglas aus der Hand und wird beim Aufschlagen auf dem Boden zerspringen. Jedem ist unmittelbar klar, dass dies in den meisten Fällen kein erwünschter Zustand sein dürfte. Doch ein Zuviel an Spannung ist aus zweierlei Gründen ebenfalls nicht wünschenswert. Zum einen kann der Hypertonus in extremen Fällen dazu führen, das filigrane Weinglas zu zerbrechen. Zum anderen lässt die Leistungsfähigkeit eines verkrampften Muskels sehr schnell nach. In der Folge muss damit gerechnet werden, dass die Muskelkraft für eine Belastung auf Dauer nicht ausreicht. Wird hingegen die gerade notwendige Spannung aufgebracht, bleibt der Muskel weiterhin optimal mit Sauerstoff versorgt und eine andauernde Leistungsfähigkeit gewährleistet.

Sehr dynamische Bewegungsabläufe – und noch dazu äußerst komplexer Bewegungen, wie sie beim Karate vorkommen – lassen sich schwieriger analysieren und wahrnehmen. Der Fokus darf nicht nur auf denjenigen Muskeln liegen, die ursächlich eine Bewegung ermöglichen, sondern auch auf deren Antagonisten (Gegenspielern). Nur wenn letztere entspannt sind, kann der ausführende Muskel uneingeschränkt arbeiten. Das ist insbesondere deshalb wichtig, weil die Bewegungen in den Kampfkünsten aus zwei Gründen schnell erfolgen müssen. Zum einen gilt hier nicht das biblische Zitat, dem zufolge der »Gegner« seinem Gegenüber passiv die zweite Wange hinhält, zum anderen ermöglicht Geschwindigkeit auch leichteren Karateka die Entwicklung einer stärkeren Trefferwirkung.

Verschiedentlich wird in der Literatur davon ausgegangen, dass den meisten Menschen Spannung fehle, die im Laufe der Übungen erst erlernt werden müsse. Das Gegenteil scheint der Fall zu sein. Die überwiegende Mehrheit der Trainierenden ist auch im fortgeschrittenen Stadium verspannt (was bei kräftigeren Naturen nicht so dramatisch erscheint, weil die Masse bereits deutlich Wirkung hervorruft). Das bedeutet aber, dass die Antagonisten nicht vollständig entspannt werden oder die Muskulatur insgesamt zu frühzeitig kontrahiert wird. Es ist daher auf dem eigenen Übungsweg unerlässlich, diese Rest- bzw. Fehlspannungen zu registrieren und zu beseitigen, um Geschmeidigkeit in der Bewegung zu erzielen. Geschmeidigkeit in der Bewegung ist ein Qualitätsmerkmal einer Karate-Bewegung, an der abgelesen werden kann, ob ein Trainierender das Wechselspiel von Spannung und Entspannung verstanden hat. Es ist damit unabhängig vom Alter oder der persönlichen Trainingsausrichtung (Sport, Selbstverteidigung, Weg-Übung). Folglich gelten die Ausführungen für alle Aktivitäten, die den koordinierten Einsatz der Muskulatur erfordern.

Nur wenn es gelingt, sämtliche Verspannungen im Körper aufzulösen, wird es möglich, sich vom Gedankenzudrang zu befreien. Abgesehen von der Unkenntnis, wie Bewegung erfolgen muss, steht diesem Zustand das Wollen im Wege. In dem Moment, in dem der Übende eine starke Technik ausführen *will*, führt dieser Gedankenimpuls wieder zu einer Fehlspannung der Muskulatur besonders am Ende der Bewegung, wodurch diese abgebremst wird und ihre Geschmeidigkeit verliert. Es ist daher notwendig, sich von diesem »Wollen« zu lösen, das in gesteigerter Form als falscher Ehrgeiz wahrgenommen werden kann.

Auf den ersten Blick erscheint das ein Paradoxon zu sein, weil eine maximal starke Technik doch gewollt ist. Dieses scheinbare Paradoxon kann dann aufgelöst werden, wenn der Übende sich von diesem Wollen löst und sich in einem Zustand des »Nicht-Wollens« bewegt. Dieser im Zen verwendete Terminus verleitet den einen oder anderen dazu, jemanden mit großer Ehrfurcht zu betrachten, der diese Diktion verwendet. Verstanden wurde der Aussagegehalt damit aber nicht notwendigerweise. Genauso könnte formuliert werden, dass der Übende die Techniken nicht wollen darf, sondern die Techniken zugelassen werden müssen. Wird eine Technik zugelassen, entwickelt sie sich ohne einen Gedankenimpuls und bleibt damit entspannt. Maximale Stärke entfaltet die Technik quasi als Begleiterscheinung am Ende der Bewegung durch ein Anspannen der Muskulatur, das durch die natürliche Begrenzung aufgrund anatomischer Gegebenheiten des Übenden vorgegeben ist. Das für Karate-Bewegungen Beschriebene gilt selbstverständlich für alle Bewegungen auch im Alltag, angefangen beim Gehen, Schneiden von Gemüse oder Zähneputzen.

Der Zustand des Zulassens ermöglicht geschmeidige und effiziente Techniken. Gleichfalls wird hierbei immer wieder geübt, die eigenen Gedanken zu kontrollieren. Zulassen setzt voraus, Gedanken nicht gedacht zu haben, so dass im Laufe der Zeit auch die Fähigkeit immer weiter wächst, den Gedanken nicht mehr ausgeliefert zu sein. Dadurch wird es möglich, Gedanken nur dann zu haben, wenn das gewünscht ist – oder eben auch nicht, wenn geistige Stille angestrebt wird.

Ab diesem Punkt kann erstmals von echter Konzentrationsfähigkeit gesprochen werden. Gerne wird angeführt, dass Lärm oder Musik die eigene Beschäftigung mit einer geistigen Aufgabe behindere, weil beides zu einer verminderten Konzentration führe. Die Kausalkette ist jedoch falsch. Ist die Person in der Lage, Gedanken nicht zu denken, die sich an Lärm oder Musik aufhängen, kann überhaupt erst von Konzentration gesprochen werden: der Fähigkeit, sich trotz unterschiedlichster vorhandener Ablenkungsursachen auf ein Thema zu fokussieren.

Die Möglichkeit, Gedanken abzustellen, führt gleichfalls dazu, dass emotionale Eingriffe in aktuelle Handlungen unterbleiben. Zur Verdeutlichung mag folgendes Beispiel dienen. Ein junger Wettkämpfer soll bei seinem ersten Turnier in Kata antreten. Die Einschätzung seiner Selbstwirksamkeit (die persönliche Fähigkeit, sich effizient zu verhalten, was häufig mit Selbstvertrauen verwechselt wird) ist eingeschränkt, weil während des Trainings immer wieder Unsicherheiten in den Bewegungsabläufen aufgetreten sind. Die Gedanken an diese Momente lassen die Sorge entstehen, ein solcher Fehler könne auch bei dem Wettkampfvortrag auftreten. Verbunden ist diese Sorge vielleicht mit einem zittrigen Gefühl in den Extremitäten, das die Leistung wiederum einschränkt und die Wahrscheinlichkeit einer fehlerhaften Ausführung erhöht. Wiederholt sich das mehrere Male, verfestigt sich diese Reaktionsweise unter Umständen, bis der junge Wettkämpfer an keinem Wettkampf mehr teilnehmen möchte, obwohl er während des Trainings durchaus auch überdurchschnittliche Leistungen zeigen kann. Wäre er in der Lage gewesen, die Gedanken zu kontrollieren, hätte er sich einfach auf den Moment konzentrieren können. Weder Sorge noch eine dadurch hervorgerufene körperliche Beeinträchtigung wären entstanden. Möglicherweise wäre er auf diese Weise sogar Jugendweltmeister geworden – oder auch nicht, was aber ja bedeutungslos ist.

In der Regel sind es die Gedanken an das, was passieren könnte, die eine Emotion wecken und körperliche Reaktionen auf diese Weise verursachen. Eine verfolgte Person steht beispielsweise an einer mehrere hundert Meter tiefen Schlucht. Über dieser Schlucht liegt ein stabiler Balken von zwanzig Zentimeter Breite, der weder schwankt noch knackt oder federt. Die Vorstellung, was passiert, wenn das Gleichgewicht verloren wird, der Sturz in die Tiefe und folgend das vorzeitige Ableben, verursacht Angst, die bei nicht wenigen Menschen dazu führt, weiche Knie zu bekommen. Ohne die Verfolger unmittelbar im Rücken wären diese Menschen nicht gewillt, die Schlucht über den Balken zu überqueren. Gelingt es diese Gedanken nicht zu denken, bleibt die beschriebene Reaktion aus und es wird möglich, stressfrei auf die andere Seite zu gelangen.

Im Zuge einer solchen Entwicklung erreicht der Mensch eine andere Art von Lebensqualität. Es beginnt sich die allseits gerne zitierte Leichtigkeit des Seins einzustellen, die sonst vor allem durch Ängste immer wieder gestört wird. Die beiden Beispiele waren sehr einfacher, weil sozusagen akuter Natur. Je länger diese Gefühle auslösenden Momente (respektive Gedanken) in der eigenen Entwicklungsgeschichte zurückliegen, desto schwieriger wird es, diese zu transformieren.

Im Weiteren werden sich Erfahrungen einstellen, die dadurch bedingt sind, dass sich keine Gedanken zwischen eine Person und ihr Sein (Selbst, Seele) schieben. Der Unterschied zwischen einer Gedankentätigkeit und Gedankenfreiheit lässt sich sehr gut beim Gehen spüren. In der Regel registriert der Mensch, dass er sich bewegt, während die Umwelt in Form von Bäumen oder Häusern fest an einem Ort steht. Wird der Mensch hingegen nicht durch Gedanken von seiner Umwelt getrennt, verändert sich das. Der Mensch nimmt sich als unverrückt wahr, während sich Bäume und Häuser an diesem vorbeizubewegen scheinen. In diesem Zustand wird ebenfalls der

Kontakt zu der ihm umgebenden universellen Energie hergestellt, die eine sonst nicht wahrnehmbare Empfindung dieser enormen Kraft ermöglicht, auch wenn nicht annähernd das Niveau wie in einer tiefen Meditation erreicht wird.

Um das zu intensivieren, muss sich der Übende (zusätzlich) einer Praxis zuwenden, die Entspannung durch Loslassen der Gedankentätigkeit erreicht. Mit der Zeit sinkt der »Druck« im Kopf. Im Inneren fühlt es sich leichter an und das Bewusstsein weitet sich. Diese wahrgenommene Entspannung am Ausgangspunkt der zentralen Nerven schreitet mehr oder weniger schnell im Nervenverlauf bis zu ihren Endpunkten fort. Der energetische Fluss, der dadurch entsteht, trägt letztlich weitere Spannungsschichten im Kopf (genauer um die Epiphyse) ab. Erst mit diesen Erfahrungen fängt der Übende zu begreifen an, wie wenig entspannt er bis zu diesem Zeitpunkt war.

Diese Erfahrungen sind eng damit verbunden, das »Ich bin« zu fühlen und zu erleben und sich von dem »Ich bin Ich« zu lösen. Aber noch einmal sei betont: Es nützt nichts, das intellektuell zu verstehen, es muss gefühlt und erfahren werden. Es würde niemanden weiterbringen, an dieser Stelle zusätzliche Seiten zu füllen. Allerdings muss auch betont werden, dass spirituelle Entwicklung oder Erleuchtung nichts Unmögliches oder auf den asiatischen Kontinent Beschränktes darstellt. Entscheidend für den Weg-Übenden bleibt alleine die Frage, ob es ihm gelingt, in notwendiger Quantität und Qualität zu üben.

Dieses Kapitel enthält nur wenige Meilensteine auf einem Weg, die bei allen Weg-Übenden gleichermaßen auftreten. Daneben entwickeln sich zahlreiche weitere Erfahrungen, Situationen und begleitende Faktoren, die logischerweise individuell sehr unterschiedlich ausfallen. Gleichzeitig soll auch darauf hingewiesen werden, dass eine Weg-Übung nie ein linearer Prozess ist, sondern sich eher netzwerkartig vollzieht, wobei es in unterschiedlichen Bereichen immer auch Höhen und Tiefen geben kann.

Insgesamt handelt es sich um einen sich selbstverstärkenden Prozess, der, wenn man das will, ohne jedes spirituelle Vokabular über die »Theorie der operanten Konditionierung« erklärt werden kann. Diese geht unter anderem der Frage nach, wann ein intendiertes Verhalten besonders schnell reproduziert wird. Die Geschwindigkeit der Reproduktion hängt unter anderem von Verstärkern ab, die mit diesem Verhalten verknüpft sind. Ein möglicher Verstärker ist dabei die Belohnung. Der Weg-Übende schafft sich nun seine Belohnung selbst, weil er während und nach seinen Übungen zumindest meistens einen Zustand gesteigerten Wohlbefindens erreicht, der ihn dazu motiviert, die Übungen fortzusetzen. Hierdurch entsteht unwissenschaftlich gesprochen ein Sog, der den Übenden immer weiter auf seinem Weg voranzieht, so dass aus der gewollten Weg-Übung eine »Nicht-Weg-Übung« wird, die weitergehende Erfahrungen erst ermöglicht.

Gleichermaßen entsteht auch Dankbarkeit dafür, dass es eine Not (oder Sehnsucht) gegeben hatte, die dem Übenden den Zugang zu seiner Weg-Übung ermöglicht hat. Zwei Dinge sind mit dieser Dankbarkeit verbunden. Zum einen ist damit die Not endgültig überwunden. Zum anderen sollte die Erinnerung an die Not dazu beitragen, sich in keiner Phase der Weg-Übung besser als andere Menschen zu fühlen (was anfangs sehr schwierig sein kann). Es ist ein Geschenk, wenn die Lebensumstände einem Menschen ermöglichen, in gewisser Weise die Begrenzungen des Daseins zu überwinden und eine andere Qualität im Kontakt zum Sein erfahren zu dürfen.

14 Freiheitsgrade

Eine gerne verwendete Formulierung für eine Bedingung spirituellen Fortschritts lautet: »Befreie dich von allem.« Das ist eine klare Aussage, die letztlich aber erneut eine Ursache von Missverständnissen darstellt. Diese Missverständnisse führen wiederum dazu, dass Menschen, die sich mit Weg-Übung auseinandersetzen, teilweise belächelt oder auch als Spinner betrachtet werden. Es sei aber darauf hingewiesen, dass insbesondere diese Nichtachtung, Anlass dazu geben sollte, sich in Dankbarkeit über die eröffneten Möglichkeiten zu freuen, anstatt von sich zu denken, der bessere Mensch zu sein. Wer solche Gedanken der Anmaßung an sich bemerkt, sollte auf der Stelle in sich gehen und die Gründe hierfür erforschen. Ansonsten stellt eine derartige Haltung ein dauerhaftes Hindernis für die eigene Entwicklung dar (und kann für die Mitmenschen sehr belästigend sein). Aber das nur am Rande. Wichtiger ist es zu klären, was mit »allem« gemeint ist.

Es existiert die Geschichte eines indischen Meisters, der sich mit der Konsequenz von allem befreit hat, sich wie ein Kleinkind zu verhalten. Er isst nichts, geht nicht zur Toilette, betreibt keine Körperpflege, nichts. Jemandem der sich mit der Weg-Thematik nicht auskennt, erscheint ein solches Verhalten naturgemäß vollkommen absurd. Und leider muss man sagen: zu Recht. Es ist kein großes Kunststück sich im Rahmen einer sozialen Struktur darauf zu verlassen, dass die Empathie der anderen dazu führen wird, die notwendigen Handlungen vorzunehmen: Kochen, Füttern, Wickeln, etc. Die meisten Menschen werden an dieser Stelle einwenden, ein derartiges Verhalten veranlasse Handlungen, die doch sehr in die Intimsphäre eingriffen und für sie unvorstellbar seien. Aber für Menschen, die beispielsweise in der Altenpflege arbeiten, ist diese Situation schon deutlich weniger aufregend, weil sie gewohnt sind, damit umzugehen. Menschen mit entsprechend schweren Erkrankungen fügen sich im Krankenhaus ebenfalls in eine derartige Betreuung – sicherlich eher gezwungenermaßen; aber es geht ganz offensichtlich, falls die Motivation nur entsprechend hoch ausfällt (in diesem Fall über den Wunsch, gesund zu werden). Demnach verliert das Verhalten des indischen Meisters bei genauer Betrachtung das Außergewöhnliche, das erst über den Tabubruch hervorgerufen wird.

Allerdings erscheint ein derartiges Verhalten darüber hinaus wenig sinnhaft. Es kann nicht Sinn eines Weges in die Freiheit sein, sich der Unfreiheit des Nichtstuns hinzugeben. Es hat auch nichts von einem natürlichen tierischen Verhalten, weil dieser Meister in diesem Fall selbstständig nach Nahrung Ausschau halten müsste – abgesehen einmal davon, dass selbst ein Tier seinen Wohnort nicht mit Fäkalien verschmutzt. Es ist daher nicht nur zulässig, sondern auch geboten, dieses Verhalten kritisch zu hinterfragen. Richtig ist daran sicherlich, dass in der Leere absolute Ruhe herrscht. Der Mensch verfügt zudem über das Potenzial, d.h. die Möglichkeit, in diese Ruhe einzutreten. Auf diese Weise gelingt es dem Übenden seine ihm in dieser materiellen Welt gestellten Aufgaben leichter und mit besserem Ergebnis zu erfüllen. Andernfalls bleibt der Mensch gleich einem Billardtisch, dessen Kugeln sich bewegen und andere anstoßen, sobald äußere oder innere Reize das initiieren. Der Unterschied besteht darin, dass der Mensch nun den Kontakt zum Sein über seine Seele aufgenommen hat und die absolute Ruhe in sich herbeiführen kann – er ist auf diese Weise in der Lage, den Billardstock der auslösenden Reize zu kontrollieren und somit Einfluss auf die Bewegung der Kugeln zu nehmen. Anders ausgedrückt: Es wird ihm möglich, Gedanken und Emotionen (respektive Gefühle) zuzulassen, aber ihnen nicht mehr ausgeliefert zu sein. Dieser Mensch wird überhaupt nicht wollen, emotionslos zu sein, weil Emotionen – gleich welcher Art – ihren speziellen Reiz haben und das Dasein als Mensch erheblich lebenswerter machen.

Welch eine Vorstellung: Ein Mensch läuft durch das Leben und bekommt ein Geschenk, ohne sich zu freuen – im Gegenteil, er verschenkt es gleich weiter, weil er sich von allem befreit. Auch ist es eher ein Mangel, sich nicht mehr zu ärgern, wenn man einen echten Fehler begangen hat. Die gesteigerte Qualität für das eigene Leben liegt darin, Emotionen erleben zu können, ohne Angst vor ihnen haben zu müssen. Der Mensch ist diesen nicht mehr ausgeliefert, falls es droht, zu einem Überschießen derselben zu kommen. Selbst Zorn kann unter dieser Voraussetzung eine aufregende Emotion sein, weil er einen äußerst energiereichen Zustand mit teilweise nahezu physischer Präsenz darstellt, der für sensitive Dritte förmlich greifbar wird. Spätestens wenn man Mitgefühl betrachtet, das als Ausdruck des Menschlichen ein Leben in Verbundenheit anzeigt, wird deutlich, dass eine vollständige Loslösung von Emotionen offensichtlich nicht das Ziel einer Weg-Übung sein kann. Welcher »Mensch« kann es als wünschenswerten Zustand betrachten, wirklich Leidenden ohne jegliche Anteilnahme zu begegnen?

Alleine das Ziel, sich von seinen Emotionen befreien zu *wollen*, wirkt kontraproduktiv. Diesem Ansinnen liegt eine Bewertung zugrunde, die mit einer Ablehnung verbunden ist. In einem ersten Schritt muss jedoch die Integration auch der »negativ« besetzten Emotionen erfolgen. Das setzt die Akzeptanz voraus, dass jeder Mensch im Prinzip zu allen Emotionen und daraus resultierenden Handlungen fähig ist, die sich in der Gesamtheit der Menschen anhand einzelner Beispiele zeigen. In einem zweiten Schritt kann man sich nun der Ursache für im gesellschaftlichen Umgang schwierige Emotionen nähern. Diese liegt immer in Gedanken, die durch ihre emotionale Aufladung dem Unterbewusstsein ein Reaktionsmuster aufzwingen.

Freiheit ist demzufolge dadurch gekennzeichnet, diesen Reaktionsmustern nicht mehr in der gleichen Weise ausgeliefert zu sein. Selbst der technische Meister kann in bestimmten Situationen bereits alternativ reagieren, weil beispielsweise weniger oder keinerlei auf körperliche Konflikte bezogene Angst seine Reaktionen beschränkt oder

überschießen lässt. Der zweite Grad von Meisterschaft eröffnet dem Übenden, sich in jeglicher Situation gegen diese Reaktionsmuster zu entscheiden, obwohl sich Gedanken in sein Tagesbewusstsein drängen, die diese alten
Handlungsimperative auch für die aktuelle Situation anstoßen wollen. Auf diesem Niveau kann sich der Betreffende weitestgehend auf der Ebene der Verbundenheit
halten. Allerdings muss er, je nach Stärke des Einflusses,
mehr oder weniger hart darum kämpfen. Anders wird das
erst, wenn es ihm gelungen ist, den alten Erfahrungen ihre
emotionale Triebkraft zu nehmen. Da nun die Impulse der
Seele klar in das Tagesbewusstsein fließen, wird der
Übende das Richtige tun, ohne darüber nachdenken oder
sich gegen handlungsverzerrende Gedanken erwehren zu
müssen. In Vollendung führt das schließlich dazu, in jedem
Augenblick Glück zu empfinden.

Damit geht einher, dass alle Handlungen durch Mitgefühl
geprägt sind. Es ist ganz offensichtlich, wie schwierig es in
der Regel ist, das jederzeit umzusetzen. Aber davon sollte
sich der Übende nicht abschrecken lassen, weil die positiven Auswirkungen einsetzender Freiheit bereits beginnen,
sobald der Mensch lernt, sich überhaupt in der ruhenden
Mitte einzupendeln. Allerdings darf nicht übersehen werden, dass auf diesem Niveau noch ein Pendel existiert, das
selbstverständlich gemäß den Vorstellungen von Yin und
Yang nach beiden Seiten ausschlagen kann. Nichtsdesto-
weniger haben Emotionen und ihnen zugrunde liegende
Gedanken auf dem Weg letztlich begonnen, sich zu verändern. Während sie den Menschen im Zustand der Un-

freiheit umhergeworfen haben, gleich einem Segelboot im Sturm auf hoher See, haben sich Gedanken sowie Emotionen auf der Ebene der menschlichen Fähigkeiten immerhin bereits zu bewusst einsetzbaren Instrumenten geformt. Eine angemessene, an der richtigen Stelle gelebte Emotion wie Ärger kann einen anderen Menschen sehr effektiv dazu veranlassen, eigenes Verhalten zu reflektieren, und ihn so zu einem Umdenken bewegen. Enthusiasmus als Ausdruck gesteigerter Freude ist durchaus in der Lage, andere von der Sinnhaftigkeit eines bestimmten Handelns zu überzeugen, wodurch vielleicht Handlungsketten in Gang gesetzt werden, die auch soziales Glück mehren.

Außerdem sollte ein weiterer Effekt der Freiheit nicht vergessen werden. Der bezieht sich auf den Übenden selbst, weil damit nicht nur die Einsicht, sondern auch die Fähigkeit verbunden ist, auf natürliche Bedürfnisse des Körpers unmittelbar zu hören und nicht aufgrund selbst verursachter Zwänge diese Bedürfnisse immer hinten anzustellen. Sicherlich ist es für einen Menschen beispielsweise eine wertvolle Erfahrung, auf Essen verzichten zu können. Aber das Ziel kann nicht sein, nur zu essen, wenn die Umstände gerade passen. Das Ziel muss es sein, die Signale des Körpers wahrzunehmen und die Freiheit zu besitzen, ihnen eine angemessene Befriedigung in angemessener Zeit zu verschaffen. Die Betonung liegt hier ganz deutlich auf der Angemessenheit.

Aber auch hinsichtlich des Effekts, den eigenen Körper als einen Tempel für die eigene Existenz in dieser Welt zu begreifen – und entsprechend fürsorglich zu behandeln –, gilt die bereits getroffene Grundaussage. Freiheit und die damit verbundenen Möglichkeiten hängen davon ab, wie weit der Geist transformiert wurde. Erst wenn der Übende permanent seine Seele schaut und in selbstloser Liebe und Mitgefühl handelt, wird es ihm möglich, stets fehlerfrei zu agieren. Damit verbunden ist schließlich ein Heraustreten aus der Polarität in die Einheit.

15 Zur Person des Meisters

Viel, möglicherweise auch zu viel Interesse wird auf die Person des Meisters gerichtet. In wenigen Worten soll daher aufgezeigt werden, was die bisherigen Ausführungen für einen Meister bedeuten. Darüber lässt sich unmittelbar auch festlegen, welche Erwartungen an einen Meister gestellt werden dürfen. Diese liefern wiederum Hinweise, die bei der Suche nach einer solchen Person hilfreich sind. Sollte sich diese Suche als schwierig erweisen, darf guten Gewissens die Frage aufgeworfen werden, ob ein Meister für die eigenen Bemühungen zwingend notwendig ist.

Meisterschaft ist wie ein Garten. Wenn dieser nicht gepflegt wird, dann wird er mit der Zeit von Unkraut vollständig überwuchert. Die eigenen Übungen müssen daher lebenslang in einer durchaus wandelbaren Form fortgesetzt werden. Genauso wie es Mühe kostet, einen in sich harmonischen Garten zu schaffen, so war es zunächst im Rahmen der Weg-Übung notwendig, auch eine enorme Quantität in der Übung zu erreichen, den gesamten Alltag zur Übung werden zu lassen und alles dieser Weg-Übung unterzuordnen. Nachdem der Garten angelegt ist, wird dessen Pflege erforderlich, die jedoch deutlich weniger arbeitsintensiv ist. Entsprechend erwächst auch dem Meister ein erweiterter Spielraum. Es wird beispielsweise wieder möglich, eine Geburtstagsfeier einer Übungseinheit vorzuziehen. Ersatzweise könnte eine kürzere Übungsform vor dem Schlafengehen absolviert werden; der Kreativität sind in diesem Stadium der Entwicklung keine Grenzen mehr gesetzt. Gleichzeitig besteht weniger die Gefahr, sich in Ausreden zu verlieren.

Prioritäten, die mit dem Dasein verbunden sind, beginnen wieder eine Rolle zu spielen. Pflichten und erfreuliche Ereignisse werden wahrgenommen und gleichzeitig aus einer anderen Perspektive betrachtet. Dennoch ist es notwendig, wachsam zu bleiben, um sich nicht in den Erfordernissen des Alltags zu verlieren. Selbst wenn dies anfangs geschehen sollte, wird jeder früher oder später wieder innehalten und seinen Weg fortsetzen. Der Garten, der allmählich zuzuwachsen begann, wird erneut gepflegt.

Es ergeben sich drei Weg-Qualitäten, die gelebt werden können und durch verschiedene Interaktionen mit der Umwelt gekennzeichnet sind.

Aktive Teilhabe

Diese Qualität wird dadurch bestimmt, das Leben zu leben und die ewigen Kämpfe des Daseins anzunehmen. Es wird aktiv dazu beigetragen, diese Welt zu verbessern – unter vollem Einsatz der eigenen, nun erweitert zur Verfügung stehenden Fähigkeiten. Das Wirken ist unmittelbar und direkt.

Liebende Teilhabe

Weg-Qualität in diesem Sinne entsteht aus der Fortsetzung der Entwicklung zu einer Persönlichkeit eines aus-

schließlich Liebenden. Er begegnet den Auseinandersetzungen mit anderen Menschen nur noch mit verständnis-
voller Haltung und lässt sich in die Turbulenzen des Daseins nicht mehr verwickeln. Er wird beispielsweise keine
direkte Kritik mehr an anderen üben oder gezielt Einfluss
nehmen. Auch er trägt dazu bei, dass Wohlfahrt zunimmt,
bleibt jedoch stets passiv bzw. setzt seine Erfahrung nur
»leise« verbal ein. Das Wirken wird mittelbarer und indirekt. Das trifft zum Beispiel auch auf Vorbilder zu, die bereits früh in ihrem Leben für diese Rolle vorbereitet werden, wie etwa den Dalai Lama. Selbstverständlich ist es
wichtig, dass es diese Menschen und ihre Vorbildfunktion
gibt. Hingegen mutet es vielleicht auch ein wenig egoistisch an, wenn Menschen, die nicht für eine derartige Rolle
»vorgesehen« sind, sich sozusagen aus einer aktiven Rolle
im Dasein zurückziehen. Zur Entlastung sei gesagt, dass
ein junger Meister, der sich nicht in einem Kloster entwickelt hat, zunächst Jahre oder Jahrzehnte in seiner aktiven
Rolle tätig sein wird.

Lehrende Teilhabe

Parallel zur aktiven wie liebenden Teilhabe wird es möglich, eine Lehrer-Funktion für andere zu übernehmen. Aber
hier ist wahrlich größte Vorsicht geboten. Eine chinesische
Weisheit besagt, dass die, »die sich dafür geeignet halten,
am wenigsten geeignet sind«. Eng verbunden ist hiermit
die noch zu behandelnde Frage, wie ein Meister erkannt
werden kann. Die Ebene des Lehrens wird nicht kommuniziert und mit ihr kann auch kein Geld verdient werden
wollen – beides schließt wahrhafte Meisterschaft aus und

würde beim Monopoly bedeuten: »Gehe direkt ins Ge-
fängnis und ziehe dabei nicht über Los.« Es gibt demzufolge nur eine Möglichkeit, in eine lehrende Rolle zu gera-
ten, wenn der Meister von einem anderen Menschen gefunden wird, der sich für Weg-Übung ehrlich interessiert.
In gewisser Weise können hiervon vielleicht alte, institu-
tionalisierte Einrichtungen ausgenommen werden – allerdings ist auch hier eine kritische Sicht angeraten.

Aufgrund dieser drei Qualitäten kann bildhaft von einer
Dreiteilung des Weges gesprochen werden. Häufig gibt es
zunächst Phasen, in denen sich die aktive und liebende
Teilhabe zeitlich abwechseln, sozusagen die Spur gewech-
selt wird. Das ändert sich erst mit Erreichen der Meisterschaft dritten Grades, wenn der Geist vollständig transformiert wurde. Erst danach wird es dem Weg-Gehenden
möglich, sich dauerhaft für eine liebende Teilhabe zu entscheiden. Ob sich parallel dazu eine Phase der lehrenden
Teilhabe ergibt, hängt von den Umständen ab, die zunächst einmal voraussetzen, dass ein Weg-Suchender diese Person findet und angenommen wird.

Ganz natürlich schließt sich hier die Frage an, ob es gelingen kann, aktiv einen solchen Meister zu finden. Dabei
stößt der Suchende auf ein mehrschichtiges Problem. Es
ist nicht einfach möglich, zu einer Person zu gehen und
diese zu fragen, ob sie Meisterschaft erreicht habe. Ohnehin wäre die Antwort nur schwer auf ihren Wahrheitsge-
halt zu überprüfen. Der Suchende ist daher gezwungen,
sein Anliegen indirekt zu beantworten.

Insbesondere diejenigen, die spüren, dass ihnen Karate (hier stellvertretend für jegliche Übungsform, die eine Konzeption erlaubt, um an den Anfang einer universellen Weg-Übung zu gelangen) bei ihrer für sie meist noch nicht klar benennbaren Suche helfen könnte, neigen nicht selten dazu, sehr leichtgläubig zu sein. Häufig werden Menschen stark durch das beeindruckt, was ein anderer erreicht hat (zum Beispiel eine Dan-Graduierung) – und vor allem durch zur Schau gestelltes Wissen. Neben dem oben bereits erwähnten Fehler, von der Dan-Graduierung auf Meisterschaft zu schließen, erfolgt spätestens hier der zweite systematische Irrtum. Von dem Wissen einer Person kann nur bei ganz genauem Hinsehen auf dessen Erkenntnisstand geschlossen werden.

In der heutigen Zeit gibt es mehr als reichlich Literatur über Weg-Künste, Erleuchtung, Meisterschaft und alles, was damit einhergeht. Einem sehr belesenen Menschen fällt es nicht schwer, unabsichtlich oder mit voller Absicht einen Eindruck zu vermitteln, als ob das angelesene Wissen den eigenen Erkenntnis- und Erfahrungsstand widerspiegeln würde. Es gibt zahlreiche Menschen, die rein analytisch den Unterschied in der Formulierung »Ich bin Ich« und »Ich bin« verstehen können. Es gibt aber nur äußerst wenige, die das »Ich bin« erfahren und erfühlt sowie darüber hinaus bewusst reflektiert haben, um mit den gewonnenen Erkenntnissen andere in angemessener Weise in ihren Bemühungen zu unterstützen. Dieses einfache Beispiel zeigt bereits, dass auch aus dem bloßen Zuhören kein verlässlicher Rückschluss gezogen werden kann.

Im Gegenteil, es gibt ein unzweifelhaftes Zeichen, an dem erkannt werden kann, wann jedenfalls kein Meister vor einem steht. Je mehr eine Person über derartige Themen redet, desto unwahrscheinlicher wird die Annahme, es handele sich um einen Meister. Es gibt eine chinesische Weisheit nach der »ein Berg ein Berg und ein Fluss ein Fluss ist, dann ist der Fluss kein Fluss und der Berg kein Berg, während danach der Berg wieder ein Berg und der Fluss wieder ein Fluss ist«. Die zweite Phase kennzeichnet einen Menschen, der bereits auf der Suche nach vollendeter Meisterschaft ist, eine Ahnung davon bekommt, aber immer noch weit davon entfernt ist. In dieser Phase werden Menschen auch immer sehr gesprächig, weil sie aufgrund erster Erfahrungen beginnen, im besten Fall ein Sendungsbewusstsein, im schlimmsten Fall eine Hybris zu entwickeln, die sie annehmen lässt, bereits einen Zustand erreicht zu haben, von dem sie in Wirklichkeit noch sehr weit entfernt sind. Diejenigen, die den zweiten Grad erreicht haben und sich dem dritten Grad nähern, werden immer weniger gehört, weil ihnen sozusagen tiefgehende Erfahrungen zu größerer Reife verholfen haben.

Zur Verdeutlichung soll an dieser Stelle eine weitere chinesische Weisheit verkürzt wiedergegeben werden: »Der Meister ist mit seinem Schüler unterwegs. Beide wollen in einer Herberge übernachten. Als sie eintreten, wird dem Schüler respektvoll am Ofen Platz gemacht. Der Meister hatte ihn zuvor als unbelehrbar bezeichnet. Auf eine Nachfrage in des Meisters Kammer erhielt er zur Antwort, dass er so etwas Selbstzufriedenes in seinem Blick habe.

Der Schüler verstand. Als er wieder heraustrat, machten ihm die anderen seinen Platz streitig«. Hieraus lässt sich eine weitere Schlussfolgerung ableiten. Je bescheidener eine Person auftritt, desto wahrscheinlicher wird es, dass es sich um einen Meister handeln könnte. Auch das scheint für das Anliegen, eine derartige Person finden zu wollen, wenig ermutigend. Wie kann das gelingen, wenn ein Meister aufgrund seiner Entwicklung auf jede Marketingmaßnahme in eigener Sache verzichtet?

Tatsächlich ist es schwierig, weil Meister jenseits des zweiten Grades weiterhin nicht mit einer Glühbirne im Kopf herumlaufen. Einige Rückschlüsse können aus der Intention des potenziellen Meisters erschlossen werden, die wiederum aus dem Verhalten des Meisters gegenüber seinen Schülern abgelesen werden kann. Wichtig ist gleichermaßen, was seine Schüler diesbezüglich vermitteln. Der Sinn einer Weg-Übung liegt über das Erreichen von Meisterschaft unter anderem darin, innere Freiheit (durch die Transformation des Geistes) für sich zu erlangen. Kann der Suchende aus der Interaktion zwischen Meister und Schüler herauslesen, dass es dem Meister darum geht, seine Schüler an einen Punkt zu führen, an dem sie diese innere Freiheit für sich und damit seine eigene Stufe erreichen, wäre das ein starkes Indiz für den gesuchten Meister. Er wird auch in seinem weiteren Verhalten bestimmte Standpunkte mit Bedacht vertreten. Aber er wird seinen Schülern zugleich zuhören und von ihnen lernen, während er in den entscheidenden Momenten einen Impuls gibt, um die Übungen der Schüler positiv zu beeinflussen. Eine Atmo-

sphäre des Respekts und der gegenseitigen Wertschät-
zung wird ein solches Dojo (Ort des Weges) auszeichnen.
Für einen Außenstehenden wäre es nicht unbedingt auf
den ersten Blick erkennbar, wer der Meister überhaupt ist.

Hingegen gibt es Personen, die behaupten, während des
Trainings müsse das starke Ego der Schüler gebrochen
werden; bedingungsloser Gehorsam sei notwendig, um
auf dem Weg voranzuschreiten. Das ist eindeutig falsch.
Aus Zerstörung durch Dritte kann nichts Gutes erwachsen.
Diese Personen bezeichnen sich als Meister, sind aber ge-
fährlich für die eigene Entwicklung, weil es im Laufe der
Zeit immer schwieriger wird zu erkennen, dass dieser Weg
nie zum Ziel führen kann. Es handelt sich um »falsche«
Meister, die ihre Position nicht selten dazu ausnutzen, ihr
eigenes Ego zu pflegen und sich (selbst im Alltag) von den
Schülern auf Händen tragen zu lassen.

Diese Personen sollte man meiden. Es kann nur jedem
empfohlen werden, wachsam zu sein. Der Mensch ist oftmals dazu geneigt, Dinge schönzureden, obwohl diese intuitiv als falsch oder zumindest fragwürdig wahrgenommen werden. Sobald eine derartige Situation auftritt, gilt
es, seiner Intuition zu folgen und sich nicht beschwichti-
gen zu lassen. Gerne kommt es in diesem Zusammenhang
zu der Aussage, der Betreffende sei selbst noch nicht so
weit, richtig und falsch zutreffend einzuschätzen. Für das
kognitive Erkennen mag das zutreffen, für die intuitive
Wahrnehmung nicht. Das gilt insbesondere für Suchende
auf dem Weg, die in aller Regel eine höhere Sensitivität

aufweisen. Selbst wenn es anfangs in dieser Hinsicht schwierig sein kann zu unterscheiden, ob es sich um eine reine Intuition handelt (die von der Seele ausgeht) oder der ungeschulte Geist einem etwas vorgaukelt, sollten diese Zweifel handlungsleitend bleiben, bis sie gegebenenfalls ausgeräumt wurden. Niemand sollte sich von anderen Personen diesbezüglich verunsichern lassen.

Zusammenfassend lässt sich an dieser Stelle festhalten, dass sich ein Meister in seinem Verhalten dadurch auszeichnet, dem Schüler weitere Lebensdimensionen zu erschließen. Es ist gewollt, dass der Schüler den Zustand des Meisters (letztlich egal welchen Grades) erreicht und insofern zu jeder Zeit seines Verbleibens bei diesem Meister als gleichwertig betrachtet und behandelt wird. Fühlt der Suchende, dass diese Voraussetzungen nicht gegeben sind, muss dieser Intuition gefolgt und unter Umständen die Suche andernorts fortgesetzt werden.

Insgesamt sollte deutlich geworden sein, dass es schwierig ist, einen derartigen Meister überhaupt zu finden. Er wird seine Dienste eben nicht über eine bunte Homepage mit meterlangem Lebenslauf anpreisen. Deshalb stellt sich für den Suchenden die Frage, ob er seine Übungen auch ohne einen Meister beginnen und/oder vollenden kann.

Im Allgemeinen wird unterstellt, es bedürfe eines Meisters, um einer Weg-Übung folgen zu können, weil sonst die notwendige Anleitung fehle. Hierbei spielen zwei Aspekte eine Rolle. Anleitung kann im Sinne einer Einführung verstanden werden, über die der Übungswillige die notwendigen Informationen erhält, wie er vorgehen sollte. Doch die kann sich heutzutage jeder selbst mit ein wenig Intuition und Kreativität beschaffen. In vielen Fällen dürfte es sogar leichter sein, die passenden Informationen zu finden, als einem geeigneten Meister zu begegnen.

Wird Anleitung im Sinne einer Führung durch einen Meister während der Weg-Übungen begriffen, kann die Erfahrung des Meisters sicherlich dazu beitragen, Sackgassen zu vermeiden. Aber genauso wie jemand, der mit einem Autoatlas am Ende einer Reise ans Ziel kommt, gelangt auch ein selbstständig Übender an sein Ziel – wenn auch manchmal ein wenig später als der Reisende, der über ein Navigationsgerät verfügt. Es sollte jedoch nicht übersehen werden, dass Erfahrungen gerade auch auf Irrwegen gesammelt werden, die sich im Weiteren als hilfreich erweisen und frühzeitig dazu beitragen können, Verständnis für die Schwierigkeiten anderer Menschen zu entwickeln. Wäre es unmöglich, ohne einen Meister einen Weg zur Meisterschaft zu beschreiten, hätte es nie auch nur irgendeinen Meister geben können. Selbst Buddha ist zuvor seinen Weg alleine gegangen. Er hatte nur eine für sich passende und gleichzeitig sehr intensive Übungsform gefunden, die ihm den Kontakt zum Sein ermöglicht hat.

Grundsätzlich sind die Weg-Übungen in sich so angelegt, dass die einmal begonnene Übung quasi automatisch zu Erfahrungen führt, die den Übenden auf seinem Weg voranbringen. Wichtig ist also zuerst einmal, die Übung mit der richtigen Geisteshaltung überhaupt zu beginnen. Ob zu diesem Zeitpunkt ein Meister verfügbar ist, sollte dabei eher keine Rolle spielen. Entscheidender ist es für den Übenden in der Folgezeit, sich bewusst zu machen, dass die Quantität der Anstrengungen das erreichbare Ergebnis wesentlich mitbestimmt. Es ist falsch, mangelnden Fortschritt auf die eigene Unfähigkeit zu schieben oder Meister als besondere Menschen auf einen Sockel zu stellen.

Kritisch wird es, sobald erste Erfahrungen spürbar werden, die andere Menschen in dieser Form ohne Übung nicht teilen können. Je nach persönlicher Ausgangslage besteht die nicht zu unterschätzende Gefahr, den Prozess der Erfahrung misszudeuten und sich über andere Menschen zu erheben. An dieser Stelle wäre es hilfreich, wenn es einen Menschen gäbe, der von den Bemühungen des Übenden weiß, für den Übenden Autorität besitzt und sich mit Kritik nicht zurückhält. Diese Funktion hat üblicherweise ein Meister inne. Es genügt jedoch völlig ein Mensch, der selbst nicht Meister ist, aber die eben aufgeführten Kriterien in sich vereinigt und sich mit der Thematik auskennt. Es muss sich um ein offenes und respektvolles Verhältnis der beiden handeln, so dass sich der Übende in seiner eventuellen Verblendung nicht von dieser Person abwendet und ihn die Kritik nicht mehr erreicht.

Der Übende kann letztlich sogar als Solist tätig sein. Das setzt voraus, dass er in der Lage ist, sich jederzeit kritisch mit seinen Gedanken und Gefühlen auseinanderzusetzen. Das gelingt ebenfalls über die Prozesse, die während der

Weg-Übung ablaufen, kann aber leichter zu dem ein oder anderen Irr-Weg führen, sobald die Achtsamkeit nachlässt. Das Problem besteht nicht in der Tatsache, alleine seinen Weg zu gehen. Viel gravierender wirkt sich auch hier aus, falls dem Übenden die Bedeutung der Quantität nicht klar ist. Reicht die Intensität in den Bemühungen nicht aus, um über einen rudimentären Grad von Erfahrungen hinauszukommen, stellt sich nicht selten eine Hybris ein, die dazu führt, sich als Meister aufzuspielen, der voller Selbstgefälligkeit und Besserwisserei durch die Lande zieht. Er hängt wie oben beschrieben in einem Zwischenstadium fest, das sich umso mehr verfestigt, je länger dieser Zustand anhält und je mehr ihn Suchende mangels besseren Wissens in seiner Annahme bestätigen. Mit der Zeit wird es dann immer schwieriger, sich aus diesem Labyrinth zu befreien.

Derjenige, der sich entschlossen hat, seine Weg-Übung zu beginnen, sollte sich nicht zu viele Gedanken über die Gefahren machen, die sich ihm in den Weg stellen könnten. Selbst wenn er zu diesem Zeitpunkt keinen Meister an seiner Seite weiß, hat er offensichtlich die notwendigen Informationen sammeln können. Und es wird sich auch das Vertrauen einstellen, an den entscheidenden Weg-Punkten Menschen zu finden, die ihm unbewusst oder willentlich auf seinem Weg hilfreich sein werden. Die einzige Bedingung, die der Übende in größtem Maße mitbringen muss, ist die Bereitschaft zu permanenter Selbstkritik.

Genauso, wie die passenden Menschen an einer bestimmten Stelle des Weges getroffen werden, ist es wichtig, Informationen aus beispielsweise Büchern zur richtigen Zeit zu finden. Die Information alleine hat keinen Wert (es sei denn, der Übende begreift sie lediglich als Wegweiser). Das Wissen alleine kann im Gegenteil auch den Blick verstellen und Entwicklung behindern. Erst wenn die zu der Information gehörende Erfahrung gemacht wird, hilft die korrelierende Information, die Erfahrung in den richtigen Kontext einzuordnen.

Das bisher Geschriebene gilt allgemein für Weg-Übungen. Falls sich ein Suchender das Werkzeug (Kampfkunst, Kochen, Kalligrafie, ...) für die Weg-Übung erst noch erarbeiten muss, ist es allerdings sehr zeitsparend, sich einen Lehrer zu suchen, der dieses Werkzeug analytisch durchdrungen hat, auf die technischen Notwendigkeiten präzise hinweisen kann und zu einem passt. Fehlt es an einem solchen, was nicht selten der Fall ist, muss ein Anleitender gewählt werden, der verfügbar ist. Wichtig ist in jedem Fall, dass es ein Mensch ist, der präsent ist, aber den Übungsraum nicht als Bühne begreift. Auch diesbezüglich liegt das Kriterium für Qualität in der Stille (auch im Sinne von Zurückhaltung).

Entscheidend ist demnach nicht, dass sich der Übende einem Meister anschließt (was aber keinesfalls schadet, solange es sich tatsächlich um einen solchen handelt). Entscheidend sind die eigene Geisteshaltung sowie das Vertrauen und die Offenheit, in den entscheidenden Momenten die geeigneten Fingerzeige durch Begegnungen oder Ereignisse zu erhalten, die den weiteren Weg weisen (können). Sie müssen nur wahrgenommen werden. Das wiederum scheitert nicht selten daran, dass zu viele zu sehr auf (angebliche oder tatsächliche) Meister fixiert sind. Um Meister zu werden, sollte sich der Übende möglichst frühzeitig von Meistern und Meisterschaft befreien.

Auch wenn man sich von diesen Begriffen und damit zusammenhängenden, (nicht selten) kontraproduktiven Gedanken unabhängig machen muss, unterstützen die Werte, die damit einhergehen, den Übenden auf seinem Weg. Je näher er diesen Werten in seinem Leben kommt, desto leichter fällt es ihm, seiner Verantwortung entsprechend zu handeln.

16 Elite, Verantwortung und Weg

Jeder Mensch trägt eine Verantwortung für seine Handlungen. Dabei kann das Verantwortungsbewusstsein der einzelnen Menschen sehr unterschiedlich ausgeprägt sein. Zudem variiert das Verantwortungsniveau erheblich in Abhängigkeit von der Stellung, die eine Person in der Gesellschaft einnimmt.

Der Einzelstehende ist zunächst für sich und seine Handlungen verantwortlich. Wenn er am Abend nichts zu essen hat, weil er zu faul war einzukaufen, dann betrifft das nur ihn, sofern keine Gäste eingeladen waren. Komplexer wird der Verantwortungsbereich, wenn sich eine Person in soziale Interaktion begibt, weil in diesen Fällen auch andere Menschen von seinen Handlungen betroffen sind. Lebt er seinen Tanzdrang auf einem Bahnsteig aus, nachdem er seinen I-Pod voll aufgedreht hat, und stößt versehentlich eine Mutter von drei Kindern an, die dadurch vor den einfahrenden Zug fällt und stirbt, trägt diese Person – auch wenn sie nichts Böses wollte – die Verantwortung für ihr Tun. Das ist zugegebenermaßen ein sehr extremes Beispiel, aber das zugrunde liegende Prinzip gilt für alle Situationen, in denen das eigene Handeln Relevanz für andere Personen entfaltet.

Der Verantwortungsbereich wächst vielleicht auch mit der Zeit. Es kommt Familie hinzu, für die eine Verantwortung besteht. Der Familienvater dreier Kinder, der eine nicht berufstätige Frau hat, wird eher nicht darüber nachdenken, sich vermeidbar in Gefahr zu begeben, falls er sich seiner Verantwortung für die Familie entsprechend bewusst ist. Er steigt unter Umständen in der Hierarchie eines Unternehmens auf und wird verantwortlich für eine Abteilung, ein Geschäftsfeld oder einen Konzern. Auf einmal ist er verantwortlich für eine große Anzahl von abhängigen Arbeitnehmern, die ihm ermöglichen, eine von ihm (mit-initiierte) Wettbewerbsstrategie umzusetzen.

Vielleicht wurde diese Person auch Teil der intellektuellen oder politischen Elite eines Landes, mit der die Verantwortung für die ganze Bevölkerung verbunden ist. Kennzeichnend ist in allen diesen hypothetischen Fällen, dass die Verantwortung dieser Person immer mehr zugenommen hat, weil ihre Handlungen Relevanz für eine immer größere Anzahl von Menschen bekam. Umso größer sind aber auch die Gefahrenpotenziale geworden, die durch verantwortungslose Handlungen entstehen.

Verantwortung kann nur dann gelebt werden, wenn der Mensch achtsam ist und sich von seinen Bedürfnissen befreit hat. Es mag sein, dass die Bedürfnisse einer Person mit den Bedürfnissen von Menschen übereinstimmen, die durch ihre Handlungen und Entscheidungen betroffen sind. Das ist allerdings umso unwahrscheinlicher, je größer die soziale Distanz ist. Und wie wahrscheinlich ist es, dass sich ein Handlungsträger gegen die eigenen Bedürfnisse entscheidet, wenn er sich nicht von diesen gelöst hat? Die

Antwort ist einfach: Er wird nach einer Alternative suchen, die für ihn immer noch von Vorteil ist und insgesamt weniger einschneidend für die von seiner Entscheidung Abhängigen ausfällt, aber diese dennoch erheblich belasten kann. Damit wird im Ergebnis zwar die eigene Wohlfahrt gemehrt – allerdings auf Kosten der Gesamtwohlfahrt der Gemeinschaft.

Die Weg-Übung führt dazu, dass sich der Übende von seinen Bedürfnissen löst. Das heißt nicht, keine Wünsche zu haben. Aber diese Wünsche beherrschen den Übenden nicht mehr. Dadurch wird es möglich, die Geschehnisse objektiver zu betrachten und sich zurückzunehmen. Aus dieser Haltung heraus erwächst Achtsamkeit für das eigene Tun und dessen Konsequenzen. Im Zweifel wird auf die eigenen Bedürfnisse verzichtet, wenn dadurch andere unangemessen Schaden nehmen.

Es wäre für die Wohlfahrt eines Landes ein großer Vorteil, wenn die Eliten sich in irgendeiner Form einer Weg-Übung widmen würden, um die notwendigen Fähigkeiten zu erwerben, ausschließlich zum Gesamtwohl zu handeln. Allerdings besteht hier ein Dilemma. Eigenschaften, die zumeist Aufstieg ermöglichen, schließen den Beginn einer Weg-Übung aus und umgekehrt.

17 Veränderungen

Die Veränderungen, die sich durch die Weg-Übung einstellen, sind zahlreich. Je nachdem, in welchen Bereichen
die zu be- und verarbeitenden Ungleichgewichte eines
Übenden liegen, ergeben sich unterschiedliche Schwer-
punkte, so dass sich auch verschiedene Perspektiven auf
den Prozess der Übung ergeben.

Insgesamt verbessert sich die Lebensqualität spürbar. Das
kann bereits körperlich gefühlt werden, weil sich der
Übende in einem permanenten Zustand harmonischer
Spannung bzw. Entspanntheit befindet. Gleichzeitig hat
sich die Körperhaltung verbessert, was garantiert, dass Erkrankungen des Bewegungsapparates verhindert werden
und Mobilität bis ins hohe Alter gewährleistet wird (immer
abhängig von dem Vorschädigungsgrad). Die Übungen,
die zur Atmung erfolgen, verbessern die Vitalfunktionen.
Die Freiheit bezüglich Emotionen und Gedanken führt zu
einer in sich ruhenden, zufriedenen Haltung, aus der heraus die Anforderungen des Daseins nicht mehr bedrohlich
wahrgenommen werden. Insbesondere ein unerschütterliches Vertrauen in das Leben verhilft dem Übenden, gelas-
sen auf schwierige Situationen zu reagieren.

Letztlich zeitigt diese Entwicklung aber kausale Folgen, die
gar nicht im Fokus des Übenden stehen, ihm jedoch ermöglichen, seine Handlungen zu verbessern und dadurch

erfolgreicher zu sein. Das klingt ein wenig nach Büchern wie: »Die neue Methode des Geldanlegens – so werden sie Millionär« oder »Auch sie können Erfolg haben, das Rezept: Kaufen sie mein Buch!« So ist es nicht gemeint. Die Formulierung, »der Weg ist das Ziel«, weist gerade darauf hin, dass Weg-Übungen nicht Mittel zum Zweck eines anderen Ziels darstellen (können). Wer beispielsweise eine Übungsform nur beginnt, weil er seinen beruflichen Erfolg steigern will, wird den Weg kaum finden.

Es gibt einen Punkt auf dem Weg, ab dem sich die Übung auch vom Übenden löst. Der zunehmende Kontakt zum Sein (oder handlungsbezogener formuliert: die zunehmende Transformation des Geistes) weckt (ermöglicht) das Bewusstsein, das Richtige zu tun und es einfach zu tun. Es geht auch nicht mehr um die eigene Entwicklung – das ist wichtig –, es geht nur noch um das Einswerden mit einem übergreifenden Sein (Existenz, Macht, Wahrheit, Energie, wie auch immer), um das vorsichtig und nicht wertend zu formulieren. Anders ausgedrückt, entsprechend den Erweiterungen in dieser Auflage: Es geht einzig um die Rückschau auf die Seele (individuelle Entität), über die der Kontakt zu Gott (kosmische Entität) wieder hergestellt wird, um Menschlichkeit zu leben und zu dienen. Aufgrund der dabei bestehenden Bedingungen handelt es sich eher um einen Prozess des Lösens als um einen vom Willen getriebenen Prozess. Das ändert jedoch nichts daran, dass die gewonnenen Fähigkeiten dabei helfen werden (und dürfen), den Erfordernissen des Lebens besser Rechnung tragen zu können.

Eine Mutter, die zu viele Ängste hat, wird auch das eigene Kind verunsichern. Gelingt es ihr hingegen, die hinter der Angst stehenden Gedanken zu transformieren, kann sie mittels ihrer Intuition Situationen richtig einschätzen; sie verspannt sich nicht mehr und wird nur das notwendige Maß an Vorsicht an den Tag legen. Dadurch gewinnt die Mutter bei dem Kind wiederum an Glaubwürdigkeit.

Der Fußballspieler, der sich kaum oder gar nicht von seinen Gedanken ablenken und verunsichern lässt, wird mehr Tore schießen oder mehr gegnerische Spielzüge unterbrechen, weil er gegnerisches Verhalten besser antizipiert. Sehr gute Sportler zeichnet zudem aus, dass sie Bewegungen nicht mehr bewusst auslösen müssen. Diese erfolgen in höchster Präzision als unmittelbare Reaktionen auf äußere Reize, weil der zeitlich langwierige Umweg über das Großhirn nicht benötigt wird. Damit »sind« solche Spitzensportler quasi die Bewegung. Das macht häufig den kleinen zeitlichen Vorsprung aus, den sie gegenüber ihren Gegenspielern nutzen können.

Sie laden Gäste ein und sind erschreckend nervös. Dann misslingt mit großer Wahrscheinlichkeit so manches. Gleiches gilt für Prüfungen oder Vorstellungsgespräche, bei denen die eigene Unsicherheit das Ergebnis einschränkt. Das tief entwickelte Vertrauen oder die Möglichkeit, einen selbst infrage stellenden Gedanken oder einem krampfhaften Wollen nicht ausgeliefert zu sein, schafft bereits die notwendige Souveränität, die Veranstaltungen mit einer das Ergebnis fördernden Ruhe zu absolvieren.

Auch im Beruf werden schwierige Situationen vorteilhafter gemeistert. Der geneigte Leser stelle sich einen Unternehmer vor, der seinen Angestellten zu Preisverhandlungen schickt und eindringlich davor warnt, zu sehr im Preis nachzugeben. In den Verhandlungen sitzt nun eine bildhübsche Sekretärin, die den armen Angestellten keines Blickes würdigt. Im entscheidenden Moment lächelt sie ihn dann plötzlich an. Er ist so dankbar, dass sie ihn doch attraktiv zu finden scheint, dass er nicht einmal merkt, einem zu niedrigen Preis zuzustimmen. Das Lächeln hat seinen Chef unter Umständen eine sehr große Summe gekostet. Wäre er sich über seine Persönlichkeit im Klaren und sein Wohlgefühl nicht von dem Lächeln einer Frau abhängig gewesen, hätte er eine höhere Achtsamkeit hinsichtlich der manipulativen Methoden der Gegenpartei an den Tag legen können.

Der Ehrlichkeit halber soll an dieser Stelle aber nicht verschwiegen werden, dass der Weg-Übende ab einem gewissen Punkt nicht mehr bereit sein wird, für jeden zu arbeiten bzw. für ein Unternehmen moralisch nicht zu vertretende Handlungen auszuführen.

Wenn hier so unverhohlen von Erfolgen die Rede gewesen ist, muss Erfolg noch ein wenig konkretisiert werden. Für viele Menschen sind Geld und Prestige die einzigen Kriterien, um den Erfolg eines Menschen zu messen, über den er in das eigene Hierarchiesystem einsortiert wird. Der Erfolg des Angestellten kann aus seiner Sicht allerdings auch nur darin liegen, seinen Job perfekt zu erledigen. Damit könnte selbstverständlich ein hohes Gehalt verbunden sein, das in diesem Fall jedoch nicht die ursächliche Triebfeder des Handelns darstellt. Eine Veränderung des Wertesystems führt im Laufe der Zeit dazu, dass soziale Werte den eigentlichen Maßstab bilden. Soziale Kompetenz ihrerseits ist nur seltener mit hohen Gehältern verbunden, aber letztlich die entscheidende Fähigkeit, damit destruktive Situationen in sozialen Kontexten ausbleiben.

Erfolge liegen darin, ein Lächeln verursacht zu haben, eine Blume nicht gepflückt zu haben, jemandem geholfen zu haben ... und schon wären wir wieder bei den Pfadfindern: »Jeden Tag eine gute Tat« – vielleicht auch einmal zwei.

Erfolge liegen darin, Dankbarkeit für jeden Augenblick des Daseins zu empfinden und die Schönheit des Augenblicks zu erfahren.

18 Zusammenfassung

Um einen Überblick zu ermöglichen, sollen die Ausführungen in wenigen kurzen Sätzen komprimiert werden.

1. Übung bezeichnet eine sich wiederholende Aktivität, die zum Ziel hat, eine Fertigkeit (Fähigkeit) zu verbessern.

2. Weg-Übung nutzt diese Vorgehensweise, um eine Veränderung auf der psychischen Ebene zu erzielen.

3. Diese Veränderung bedeutet, den Geist zu schulen, so dass er auf das Schwingungsniveau der Seele angehoben wird und diese wieder geschaut werden kann. Alternativ lässt sich formulieren, dass »Ich bin« statt »Ich bin Ich« zu erfahren, wodurch sich der Kontakt zum Sein einstellt.

4. Kampfkünste eignen sich hierfür aufgrund ihrer Konzeption besonders gut. Darin liegt erstens aber kein Automatismus, und zweitens lässt sich jede repetitive Tätigkeit dazu verwenden.

5. Ein ernsthaftes Fortschreiten auf dem eigenen Weg wird durch Quantität und Qualität der eigenen Übungen bestimmt.

6. In Abhängigkeit davon sowie den eigenen Zielsetzungen lassen sich Weg-Übungen auf der ersten Stufe in ei-

nen übungsspezifischen, einen klassenspezifischen und einen universellen Bereich unterscheiden.

7. Es lassen sich drei Grade von Meisterschaft differenzieren: technische Meisterschaft, Meisterschaft zweiten Grades, die dadurch gekennzeichnet ist, inneren Impulsen willentlich Widerstand leisten bzw. seine Gedanken steuern zu können, und Meisterschaft dritten Grades, mit der die Reinheit der Gedanken erreicht wird.

8. Weg-Übungen müssen um eine Mantra-Meditation ergänzt werden, um über die zweite Stufe einer Weg-Übung in die Meisterschaft dritten Grades eintreten zu können.

9. Die Fähigkeit zur ehrlichen Selbstkritik ist zur Erreichung des zweiten und dritten Grades wichtiger, als sich einem (tatsächlichen) Meister anzuschließen.

10. Es ist schwer, einen Meister zu finden, weil dieser kein Aufheben um seine Person macht.

Zum Abschluss soll noch einmal betont werden, dass sich der Wert einer Weg-Übung nicht danach bemisst, ob vollendete Meisterschaft erreicht wird oder überhaupt jemals als Ziel ins Auge gefasst wurde. Jede Erkenntnis über die eigene Persönlichkeit im Wege einer auch die Selbstreflexion ermöglichenden Vorgehensweise ist ein Fortschritt, der dazu beiträgt, das eigene Erleben zu verändern. Der Vorteil einer Weg-Kunst liegt darin, dass hierdurch Grundlagen geschaffen werden, die es den Menschen ermöglichen, die so gewonnenen Einsichten aktiv in ihrem Leben umzusetzen, und damit helfen, als Fehler oder Schwächen identifizierte Verhaltensweisen durch andere zu ersetzen. So gesehen ist tatsächlich der Weg das Ziel, weil jede Veränderung eigener Standpunkte Entwicklung bedeutet, die dazu beiträgt, Liebe, Mitgefühl, Freude und Achtsamkeit zu leben. Auf diese Weise tragen bereits kleine Fortschritte zu einer lichteren Welt bei.

Selbst der längste Weg beginnt mit dem ersten Schritt. Einen Schritt nach dem anderen zu tun und sich auf diese Weise zu bewegen bedeutet, Positionen aufzugeben, neue zu finden und so die eigenen Grenzen sukzessive oder auch schlagartig zu erweitern. Wichtig ist hier vor allem, sich nicht von der Vielzahl der anstehenden Aufgaben überwältigen zu lassen, sondern eine nach der anderen entsprechend eigener Möglichkeiten anzugehen. Wie weit das den Übenden führt, hängt von der Quantität und Qualität der Übung ab, ist aber letztlich zweitrangig.

19 Über den Autor

Nur um der verständlichen Neugier der Leser nachzukommen, sollen in aller Kürze die Bezüge des Autors zum Thema »Weg und Meisterschaft« angegeben werden, die um die Erfahrungen der letzten zehn Jahre ergänzt wurden. Das Entscheidende bleibt jedoch der Inhalt und nicht der Autor. Also in aller Kürze:

Der Autor trainiert seit fast 40 Jahren Karate, praktiziert seit knapp 30 Jahren Qi-Gong und hat seit mehr als 20 Jahren den Grad eines Reiki-Meisters inne. Begleitet hat er diese Übungen unter anderem mit einer Meditationsform, deren Grundlage sich in der Kabbala findet. Seit circa 8 Jahren liegt der Übungsschwerpunkt auf dem Kundalini-Yoga nach Yogi Bhajan.

Nach der Lektüre des Buches sollte allerdings klar geworden sein, dass weder eine Zeitangabe noch eine Referenz eine verlässliche Aussage darüber treffen könnte, in welcher Weise ein Mensch seinen Übungen nachgegangen ist. Die Angabe täglicher Übungszeiten unterbleibt an dieser Stelle zudem bewusst.

Um meiner Dankbarkeit Ausdruck zu verleihen, sollen 5% meiner Einnahmen aus den Buchverkäufen jeweils zum Jahresende einem karitativen Zweck dienen.